世界
在变软

水木然 / 著

电子工业出版社·
Publishing House of Electronics Industry
北京•BEIJING

内容简介

人类文明正值一次全新的大升级，从"大工业时代"跨越到"数据时代"，我们也因此面临一场空前的社会秩序重组。每一次的社会升级都会有万物凋零，也必然有万物在悄然重生，这里既暗藏各种危机，也充满了各种机会。

不谋全局者，不足谋一域。如果对社会的整体变迁不能有全局的认知，就会茫然和徘徊，错失很多先机。

本书深刻洞察了这背后的规律和逻辑，全面解读了商业、社会、价值、人性的本质和必然，旨在引导我们的各种行为，帮助大家在各种变化面前应付自如，波澜不惊。

图书在版编目（CIP）数据

世界在变软 / 水木然著 . —北京：电子工业出版社，2018.10

ISBN 978-7-121-34752-8

Ⅰ . ①世…　Ⅱ . ①水…　Ⅲ . ①社会秩序－通俗读物　Ⅳ . ① C912.3-49

中国版本图书馆 CIP 数据核字（2018）第 159530 号

策划编辑：李　洁
责任编辑：李　洁　刘真平
印　　刷：天津画中画印刷有限公司
装　　订：天津画中画印刷有限公司
出版发行：电子工业出版社
　　　　　北京市海淀区万寿路173信箱　　邮编：100036
开　　本：720×1000　1/16　印张：12.5　字数：145千字
版　　次：2018年10月第1版
印　　次：2020年4月第6次印刷
定　　价：54.00元

凡所购买电子工业出版社图书有缺损问题，请向购买书店调换。若书店售缺，请与本社发行部联系，联系及邮购电话：（010）88254888，88258888。

质量投诉请发邮件至zlts@phei.com.cn，盗版侵权举报请发邮件至dbqq@phei.com.cn。

本书咨询联系方式：lijie@phei.com.cn。

人类自诞生以来，先后经历了渔猎采集文明、农业社会和工业社会，生产方式和生产工具不断迭代，生产关系也在不断升级，而每一次的迭代和升级都是一场生活方式的大变迁。

当下，我们正在经历人类社会的又一次升级，世界正在从"大工业时代"迈向"数字时代"，这是一场非常伟大的、深刻而又微妙的变革。

从本质上来说，世界正在"由硬变软"。

何为硬？

大工业时代就是硬。工业社会为了实现大规模、标准化生产，人们成立了组织，硬性地制定出了各种条条框框的制度，人们需要在规定的时间做规定的事情，完成规定的目标，牺牲小我成全大我。所以人是必须服从组织的，这个世界是僵硬的、冰冷的。

何为软？

数字时代就是软。未来的企业和组织是松散的，既柔性又灵活。"组织力"也会变成一种"号召力"，互联网的高度协作性使每个"个体"的天赋和兴趣有了用武之地，生活和工作渐渐开始融为一体，通过拥有的知识、才华、技能，人们就能拥有体面的生活，同时还能为世界创造价值。世界正在变得越来越灵动、柔软，富有人文关怀，当然也柔中带刚。

再从具体逻辑层面做一个详细的对比。

工业时代遵循的逻辑是"占有大于一切"，由于生产资料不具有可复制性，如工厂、设备、工人、商铺、土地等都掌握在资本家手中，称之为资本。资本追求的是剩余价值，具有扩张性。

而数字时代遵循的逻辑是"连接大于拥有"，它不需要占有大量实体产品和有形的资源，只是充当大脑和关键连接点，去调配大量分布在各地的外部资源，不求拥有，但求连接。最关键的不是你拥有了多少有形资源，而是你能配置和影响多少资源。未来资源属于谁并不重要，重要的是谁在使用资源，如何更高效地使用资源。

工业时代关注的是有形产品的生产和流通，有形的空间对它来说既是优势，也是一种阻碍；而数字时代却可以把人、货物、现金、信息等一切有形和无形的东西"连接"起来，完全突破了物理空间的限制。

工业时代的思维是线性的、连续性的、可预测的；数字时代的思维是断点的、突变的、不可预测的。

在数字时代，企业寿命、产品生命周期、争夺用户的时间窗口都在以前所未有的速度缩短。

数字时代的贸易核心是信息化调度，而非工业时代的物理输送体系。

数字时代的金融是建立在大数据和信用上的普惠支持，而非传统的银行抵押模式。

数字时代注重的是流动和循环的效率，共享、分享才是大势所趋。每个人都只是一个信息节点。

工业时代关注的是对有形空间的占有和使用效率，而数字时代关注的却是信息和价值节点的分布，这是完全不同层次的两种思维模式。

再纵观商业大势，所有固化的、有形的壁垒都会被流动的、无形的信息流所摧毁。没有任何东西能阻碍数字经济这股洪荒之力。

也可以这样理解，工业时代让人类征服世界，追求高速增长，而数字时代则让人类和自然，甚至和人工智能共同组建命运共同体。

这既是一个"万物凋零"的时代，也是一个"万物重生"的时代。

回顾人类的历史进程，如果时代是一片汪洋大海，那么人类就像一艘在海上航行的船。

从时代进程来说，人类已经从"风平浪静"区驶进了"波涛汹涌"区。在"风平浪静"区，我们可以随心所欲地航行，祈祷一帆风顺。而"波涛汹涌"区最大的特点就是各种浪潮不断来袭，一浪接一浪，我们要学会踏浪前行，勇于面对各种突变，才能顺利走过这一程。

勇敢地面对各种变化和挑战吧，千万不要贪图安逸、安于现状，我们要做时代的弄潮儿！

1
CHAPTER

第一章

商　业

第一节

/ Section /

迭代的时代

什么是传统模式?

我们来分享一则寓言故事。

一只乌鸦口渴了,它在低空盘旋找水喝,在不远处发现了一个水瓶,便高兴地飞过去,落在瓶口,准备喝个痛快。可是水瓶里的水太少,瓶口又小,瓶颈又长,无论如何也够不着水。经过一段时间的摸索,乌鸦终于琢磨出了往瓶子里丢石子的方法,从而顺畅地喝到了水。

这个故事经常被人引用,还被写到教科书里,用来告诫人们,遇到困难的时候要善于思考，勇于创新与实践。

什么是创新？

忽然有一天，飞来了另外一群乌鸦。

这群乌鸦根本不会衔石子，但个个嘴里都叼着一根吸管，轻松地喝到了瓶中的水。

这就好比金轮法王苦练了多年的武功，却被杨过一招打败，这完全是不同维度的竞争。

前不久，著名数码相机品牌尼康关闭了它在中国的工厂，原因是：智能手机的崛起占领了原本属于数码相机的市场。

按照传统的商业逻辑，尼康最有可能被索尼、佳能等公司打败，但出人意料的是打败它的居然是——智能手机。

《三体》里面有句话，叫作"我消灭你，与你无关"。

这句话乍听起来让人感觉有点狂妄自大，但却充满了大智慧，让我们来诠释一下它的深刻内涵吧。

还是以数码相机行业为例，曾经有一家世界500强的企业，名叫柯达，在1991年的时候，它的技术领先同行10年，但是它在2012年1月提交了破产保护申请，破产原因除了来自市场领域的价格竞争外，还有一个原因是来自于数字成像技术对传统成像技术的挑战。

当索尼还沉浸在数码领先的喜悦中时，突然发现，原来全世界相机卖得最好的不是索尼，而是以手机闻名于世的诺基亚，因为每部手机都可以是一部照相机，索尼在残酷的竞争中业绩大幅下滑。

之后原来生产计算机的苹果公司横空出世，创造出了具有划时代意义的触屏智能手机，把手机行业的老大诺基亚打败了，而且打得其毫无还手之力。2013年9月，诺基亚被微软收购了……

事情还没完。

多年之后的今天，当苹果手机还如日中天时，中国的华为异军突起，发布了全球首款AI手机，将手机带入了人工智能时代。

……

下面再以快消品为例。

2017年康师傅和统一方便面的销量急剧下滑，不过它们的对手并不是白象、今麦郎，而是美团、饿了么等外卖App。方便面质量并未出现任何问题，只是由于外卖服务太便捷了，于是大家就由吃方便面果腹改为叫外卖了。

打败口香糖的不是木糖醇，而是微信、王者荣耀。在超市收银这个消费场景中，过去顾客在排队缴费无聊时就会往购物篮里拿上两盒口香糖，而今天大家都会选择看微信、刷朋友圈、玩王者荣耀来打发时光。

共享单车1元钱随便骑，骑到任何自己想去的地方，停下，锁车就走，十分方便。共享单车的出现让卖单车的店铺、修自行车的小摊子的生意都一落千丈，关门歇业是迟早的事情。

街头的警察没有变得更多，而扒手却越来越少。消灭扒手的不是警察，而是微信、支付宝。越来越多的人口袋里没有现金，扒手不得不失业。

所以，如果有一天你隔壁开火锅店的张三卖手机卖得比你好，你不用觉得惊讶，因为这是一个无边界的时代，每一个行业都在整合，都在交叉，都在相互渗透。如果原来你一直认为获利的产品或行业，在另外一些人的手里突然变成一种免费的增值服务，你又如何竞争、如何生存？

以前，市场虽然很残酷，但我们最起码知道谁是对手、谁是同盟。

现在呢？我们完全分辨不出孰敌孰友了。

《三体》中还有一个说法就是"降维打击"。一个无意中路过的歌者文明发现了人类，于是就像捏死一只蚂蚁一样，顺手灭掉了太阳系。因为对于他们来说，人类文明什么都不是，你会在乎你走路时踩死一只蚂蚁吗？不，你甚至连你刚才干了什么都不知道。

　　这就叫"我消灭你，但与我无关"。在这个跨界打拼、迅速迭代的时代，生活简直就是十面埋伏，我们如履薄冰。

　　因为你永远不知道你的对手在什么时刻、从什么方向冒出来，你唯一能做的就是时刻准备着。

第二节

/ Section /

新商业逻辑

中国正在形成新的商业形态，商业形态最大的变化是供应链的变化。

传统供应链从上到下由供应商、制造商、分销商、零售商及消费者组成，是一个狭长的链状结构。

这是一种大批发的模式，也是一种自上而下式的摊派做法：制造商需要先将产品卖给分销商，分销商再卖给零售商，最后才卖给消费者。

每个下游环节必须先花钱向上游环节进货，而且每个环节进货的数量都是有要求的，进的货越多折扣就越低。

这不仅产生了利润盘剥，还使运作效率层层衰减。由于每个环节的产品销量是一定的，超出消化能力之外的那部分产品就会变成库存，层层分布在各个环节中。"库存"就是吞噬商业利润的一大黑洞。

更为重要的是，在原来物质匮乏的年代，只要你能把产品生产出来，就会被消费者享用。但现在是产能过剩的时代，物质产品已十分丰盛，消费者的选择权变得越来越大。在互联网的作用下，消费者的视野一下子变大了，需求也越来越个性化和多元化，品牌和款式趋于更多、更新、更快。

而这种冗繁、狭长的供应链无法及时感知消费者的最新需求，更无法做出快速反应，依然在盲目和无序化生产，最终将导致大量无用的产品被堆集生产出来。

所以这种传统的生产模式注定要被淘汰。

当消费者的主动权越来越大时，那些能够聚合消费者，并能感知消费者需求的人就会出现。他们不仅能聚集大量消费者（粉丝），还可以联合"粉丝"向厂家定制产品。

这就是未来的消费关系：消费者需要什么，生产者就会生产什么，这是一个逆向生产的过程，而且中间的经销、营销环节都被跨过，传统狭长的供应链变成逆向的、扁平的，这就是以"网红经济"为代表的新供应链。

"网红经济"的本质是一种聚合消费者的方式，意味着商业正在由"物以类聚"向"人以群分"过渡。

但是，消费者的需求是小众、多元化、转瞬即逝的，这就要求诞生一批能够根据消费者需求进行小批量、快速生产的工厂。

所以，"淘工厂"诞生了，可以把它看成一个工厂和商家（包括淘宝店、网红、微商）之间的"滴滴"。

"精准匹配"是共享经济的本质。"滴滴"匹配的是合适的乘客和司机，"淘工厂"匹配的是能互相满足的商家和工厂。商家可以根据消费者的需求变化，快速制定出应季的产品清单，然后在"淘工厂"上下单，工厂再去接单生产。

在个性化的需求下，即使是一件单品，传统工厂一开工可能就是10万件。但是在"淘工厂"平台上，却可以将一件单品从100件起做，原先由几十人承担上万件服饰生产的大流水线，转变为现在2 ~ 3人裁制10 ~ 20件衣服的小流水线。这就是快速反应的柔性化生产。

举个例子，很多网红喜欢做预售，他们做一场直播就可能订购上千件衣服，之后马上给工厂下订单，去掉物流的时间，工厂的生产时间也就3 ~ 4天，但是依然能够满足这种需求。从大订单模式走向小订单生产，就是未来工厂出奇制胜的关键。

而且这种模式也让那些处于淡季的工厂可以开动机器，避免了资源闲置和浪费，这也是共享经济的价值所在。

传统企业最大的特点是"计划性"，从面料供应商再到款式设计的公司，需要有计划性地去推进，强调系列性，需要不断宣传自己品牌的故事，靠这些去打动人。

而"网红经济"最大的特点是"无计划性"，面对日新月异的社会变化，需要源源不断地产生灵感，然后开创各种新模式，这也可以理解为是一种时尚买手集合店的形式。

由于"网红经济"具有社交媒体的属性，从用户评论和用户反应可以及时收集到相关信息，这就诞生了一种非常好的模式，即预售。一旦某个新款的反馈非常好，就可以马上组织下订单。

现在每个月有100万淘宝天猫店主在"1688淘工厂"进货，寻找工厂，在"淘工厂"深度加工的"淘卖家"平均品质退款率低于同级别"淘卖家"的42%。订单最小起订量可以为30件，最大订量可以到上万件，平台订单交期准确率大于90%。

由于供应链的转变，那些传统的生产、营销、渠道和盈利模式都发生了很大变化，传统的经济理论和商业模式都渐渐失效了，因此，我们必须以崭新的视角去诠释新商业。

其实，"网红经济"只是一个引子、一种现象，站在新零售的角度来看，这个现象折射出了一个强大的社会诉求：海量的中小品牌正在崛起，这才是中国真正的商业变化的大势所趋。

如今，全球制造业升级有两条路径，其中一条可以参照优衣库、ZARA那样，构建全球性的生产、供应、物流、零售体系，可以将每一个环节放在全球成本最低的地方，然后建立全球化的物流和零售体系。另一条是从传统制造模式向服务型制造、共享经济、最终到物联网模式的演化路径。

比如，ZARA有很多直营零售店，有很强大的ERP系统，所有店铺每秒经营的数据都被统一管理，然后计算出最优化路径。ZARA在尽量快速反应，但它们更看重自己的设计，期待能用最新的设计引领潮流。

这是一种大流水的经营管理方式。中国的电子商务和快递物流业非常发达，这使得中国商家可以顺应消费者的需求，逐渐接近按需生产的经济模式。

中国已经产生了这样一个巨大市场，这个市场的体量是ZARA

的好几倍，这个市场规模有多大呢？有人预测，到2020年大概会有4千亿元左右的市场。我们未来将有无数个中小品牌，甚至每个品牌都有自己的线下直营零售店，每一个都强于ZARA直营店。

海量中小品牌的崛起，是中国经济的独有现象。这就是新技术催生的新模式，很多店铺正在品牌化，其中一个佐证就是：3年以前成交量很好的店铺和今天成交量很好的店铺的最大区别在于——老客户交易占比高出很多，这就是品牌化最大的特征。

在过去的供应链中，即使一年营业额很高，你最多也只是个经销商或代理商，所以在传统的大批发时代形成的是档口的格局，而不是品牌林立。

在过去，假如一个市场有10亿元的规模，可能是由50个客户构成的，而3年以后，10亿元规模的市场将是由2000个客户构成的。所以，即使市场总体规模不扩大，依旧有大量中小品牌诞生。

海量中小品牌就是以定制为内核的时尚品牌，随着"95后"逐渐成为购物主力，其崛起速度将远远高于传统品牌，这些中小品牌将越来越具竞争力、生命力，可能一年内就从几百万元变成几千万元，并且可以每年保持3 ~ 5倍的增长速度。

这些海量中小品牌商具有以下几个共同特征。

第一，他们非常专注聚焦于某一类别，具备垂直打通、纵向整合的能力。比如，从原料来源、设计开发、生产营销，再到客服、后期维护。这里还会有二级分工，比如，做绣花的专门做绣花，做印花的专门做印花，卖拉链的专门卖拉链，然后还有很多细分的分工。

只有这样才能做到真正的柔性化。他们的背后不是一家工厂，而是一个工厂群，能随时进行整合。

第二，那些销量非常好的店铺有个共同特征，就是非常善于将人聚合。前两年他们比较关注网红的微博"粉丝"数，而现在他们更关注的是微淘的"粉丝"数，他们用内容和用户建立起强关联。当然，他们懂得如何更好地运用"粉丝"群的力量，他们说的每一句话都蕴含了发动"粉丝"群的艺术。

这也代表了商业本质的变化趋势正在从"物以类聚"向"人以群分"转变。

第三，这些中小品牌需要一场协同化的大生产，这样才能避免碎片化的各自为营。

这就需要平台在背后做统筹运营，虽然众多品牌百花齐放、百家争鸣，没什么计划性，但是平台却可以通过统筹运营把同类的人归到一起、同类的需求放到一起，进行协同生产。

比如"淘工厂"，当冬季到来，羽绒服的订单一下子都来了，"淘工厂"可以把这种同类的品牌聚合在一起，今天你下订单、明天我下订单、后天他下订单，成了相对均衡的需求输入，而且利用统计学可以找出其中的规律，便于为下批订单提前做准备，这样反而变成一个"有计划"的生产了。

根据零售的数据做精准匹配，促成零售端的数据更多地向生产端渗透，帮助生产端前置做一些准备。数据互通会使得零售和生产之间的协同效率升级，协同效率升级解决的是无效产能、无效库存降低的问题，从而使库存达到最优化。

这就是"无计划"中的"有计划"，非常符合辩证的哲学。

所有的共享平台还有一个核心的任务，即给平台上各个环节的企业进行授信，降低大家因磨合损耗的成本。

比如，在"淘工厂"里，所有工厂的生产流程里的生产数据都细化到12个节点，其中有9个节点同步到电商卖家后台，灵活控制运营。这就和物流信息一样，通过手机商家在后台直接可以看到每批货在工厂的生产进度，实时进行掌控。

再比如，在过去，很多工厂担心商家不给货款，而商家则担心工厂的生产周期或者产品质量，所以很多工厂的现金流变成了应收账款，究其根本是缺乏一个具备公信力的平台；而"淘工厂"为工厂开具诚信通和KA企业（授信企业），这样商家支付给平台的费用就可以在3～5天内转到工厂的账户上来。

与此同时，当商家的资金、现金流跟不上快速发展的需求时，平台提供的供应链金融服务会去支撑他们的高速发展。

商业变革的逻辑其实就是整个社会发展的投影。公开化、共享化、平台化、定制化就是社会发展的大势所趋。

从大的方面来说，这场供应链的"逆袭"正在改写商业规则。就好比逆向打通了中国经济的"任督二脉"，唤醒中国经济进入下一个春天。

从小的方面来说，这种新型的消费关系，必将引发一场个性和兴趣的解放，甚至是个人价值的实现。

最后，我们欣喜地发现，一切变革的结果都是让社会更加自由和包容。

第三节

———— / Section / ————

商业秩序重组

当很多企业还在因循守旧、盲目扩张的时候，殊不知商业的逻辑已经发生了重大改变，当传统的营销理论、运营系统、渠道体系都已统统失效时，我们应该求变，而不是蛮干。

下面我们就来深刻地分析这背后的规律。读过之后你会发现，其实所有的产品经营都值得从头再做一遍。

一、每个环节都有难以承受之重

首先，我们很有必要把传统商业的问题先梳理一遍。

对于生产商（工厂）来说，用工成本越来越高，原材料越来越贵，而且随着出口形势的下行，很多企业都从出口转为内销，导致国内竞争更加激烈；再加上很多工厂都是贴牌生产，产品同质化严重，没有附加值，利润越来越低，处境越来越困难。

对于品牌商来说，一方面，上下游三角债缠身，库存居高不下、电商冲击严重；另一方面，利润率也急剧下降，再加上实体发展需要很大的资金投入，这让资本市场望而生畏，于是处境更加困难。

对于百货商城的经营者来说，他们对发展的认识还只停留在扩大营业面积、内部豪华装修的层次上，随之而来的首先是经营成本的大幅度上升，规模经济效益递减；其次是随着品牌商的兵败如山倒，撤柜比入驻的多，倒求品牌商的反向趋势已经形成，各种装修补贴和广告补贴已经让百货业的业态成为鸡肋，商场周边街店与小型商圈的经营更是雪上加霜。

对于代理商来说，他们只是商品流通的中间环节，受制于品牌商的各种政策，话语权受限。他们手里大量的资金已堆积成货品，各种新模式、新想法、新技术因无法与品牌商的整体战略规划同步而屡屡搁浅，可谓进退两难。

对于终端店商来说，房租和百货商场的折扣点居高不下，打折促销已经成为销售必行之道，有折有卖，无折不买，然后还得与电商拼价格，在销量和利润的夹缝中左右纠结。

总之，这就是传统商业的现状，每一个环节的经营者都太累、利润都太低，同时面临人才缺乏、风险太大的窘境。

当然，他们中的一部分人已开始转变观念，从O2O到"互联网+"，再到互联网思维，但结果都是昙花一现，折腾了一番还是回到了原点。

其实，我们之前的创新都是概念上的创新，根本没有触及问题的本身。

二、问题究竟出在了哪里

追溯一下上述环节，会发现"库存"和"折扣"是吞噬传统商业的两大黑洞。库存导致低效率，折扣导致低利润率，这两者都是可以致命的因素，更何况叠加到了一起。

1. 库存是如何产生的

让我们来看下图，这是某企业的产品批发与代理模式图。

从这个图中可以看出，这就是传统产品的销售通路，是一种连锁的大批发模式，每一个下游环节必须先花钱向上游环节进货，而且每一个环节进货的数量都是有要求的，产品不是直接卖给消费者，而是先卖给了代理商，代理商再卖给经销商，最后才卖给消费者。

公司备货库存 ➡ 公司总仓库

4折出售

代理备货库存 ➡ A仓库　B仓库　C仓库　……

5折出售

门店断码库存 ➡ 门店　门店　门店　门店　门店　门店　……

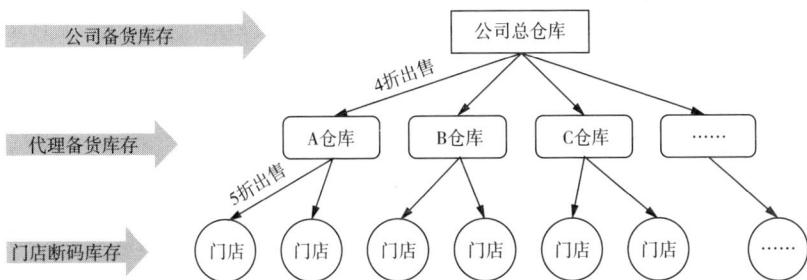

这其实是一种自上而下式的摊派做法。但是产品的销量是一定的，超出市场消化能力之外的那部分产品就变成了库存，层层分布在各个环节中。

2. 折扣是怎么产生的

库存导致了资金回流与周期问题，各级代理商为了甩掉自己手中的库存，总会尽可能地以更低的折扣供给下一级代理商。因此，降价是传统商业最原始的诉求。

再比如，级别高的代理商会拿渠道来牵制生产商（厂家）降低折扣；而级别低的代理商，厂家如果不给他降低折扣则会面临倒闭的风险。

这种逻辑关系映射到产品的价格上就会导致价格战，有折有卖，无折不卖，你低我更低。

而厂家为了保证自己的利润，在降低折扣的同时，就会抬高产品的标价（吊牌价），使标价远远高于成交价，因此整个市场完全陷入了没有章法的局面，混乱不堪。最重要的是，品牌价值也开始贬值。

所以，我们可以发现这样一种现象：诸如李宁、美特斯·邦威等品牌商品似乎一年四季都在打折……于是很多品牌积累多年的形象被"折扣"一招打败。

折扣的深层次原因可见下图。

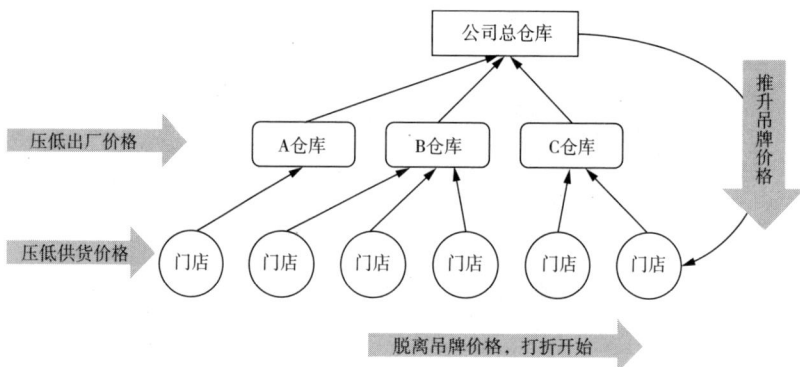

这就是大批发时代的商品通路模式，已经濒临崩溃。

三、互联网是如何改变商业逻辑的

由于互联网的公共性和连接性，消费者有机会直接与各种品牌方接触，于是越来越多的消费者能够直接付费给品牌方（生产方），这就导致现金只是从各种渠道方和服务方过渡了一下而已。

传统的商业模式是赚差价的逻辑。产品经过的每个环节都会加价然后再出售，所以现金流是层层加价的一种模式。这是一种侵吞关系，你的上下游环节究竟获得了多少利润你是不知道的。

而未来的商业模式是商品应该直接从品牌商手里卖给消费者，然后从工厂到经销商等各个环节再来分配自己的利润，这里没有供货价，也没有供货折扣，而是由品牌商根据库存的多少，统一制定零售成交价。

渠道方和服务方只有等品牌方获得利润之后，再按照各级渠道的作用和服务，和大家一起分享利润。也就是说，未来你能获得多少利润都是公开的、透明的，当然你的价值越大，能获得的利润就越多。

以前，现金流不如利润率重要。未来，现金流远比利润率重要。

未来流经你这里的现金流越多，意味着你获得的利润就越多。冥冥之中也应了这样一句话：你只管努力，不求回报，上天会安排好一切的。

商家和消费者的关系正在从"买卖关系"升级成为"服务关系"，未来比拼的将是深度服务能力。

未来的一切经营都将是在非常透明、公开、公正的情形之下进行的，甚至每一笔订单都是在众目睽睽之下产生的，再想坑蒙拐骗将如煎水作冰。

四、未来你靠什么而生存

未来的社会主要有三种企业角色。

- 负责国计民生的资源型企业（如大型国企）。

- 负责商品流通的平台型企业（如腾讯、阿里巴巴、京东等）。

- 在各种细分领域里具有独特产品或深度服务的小公司（价值主体）。

除此之外，就是游离在各种平台上的个体，比如，网店店主、自媒体人、律师、设计师、会计师等（价值个体）。

如果以上这些都没有你的一席之地，那么你就应该思索一下自己的未来定位了。

在社会不断向"平台+个体"的结构转变的过程中，平台先淘汰掉了一部分人，如各级经销商、中介、经纪人、销售人员等"二道贩子"。

与此同时平台又需要很多新人，如设计、美工、客服、采购、策划等人员。

每一个平台都需要一个规模化团队去运营，虽然大量的中间商不存在了，但由于产品越来越趋向定制化，所以大量的产品设计师出现了；由于产品的后期服务越来越重要，所以大量的售后人员和客服人员出现了。

平台的价值就是通过运营能够精准地将生产者和消费者对接起来。

于是定制化、个性化的产品越来越多，并且每个品牌商都在千方百计地提升产品的附加值，这就是点对点的服务。

而之前这种做法是不可能实现的，因为生产者和消费者由于信息的不对称是无法直接对接的，所以只有让大量的中间商去充当其职，但是这些中间商只起到了信息桥梁的作用，并没有起到提升产品附加值的作用。

也就是说，原来的投机倒把、囤积居奇、反经济周期、低买高卖等差价思维，正在被一种创新的、与众不同的创造性思维所取代。

所以未来我们唯一需要做的就是成为一个价值放大者，即使产品或服务（流体）流转到你这里时能把它的价

值放大，这样"流体"才有流转到你这里的价值，而不是成为一个传统的阻隔——让商品必须从你这里流通，然后去收取所谓的"买路钱"。

在未来的价值链里，你要想获得价值，自己首先得有存在的价值。

未来社会，产品、信息、货币、人群的流通会越来越快，而中间所有的阻碍，也就是传统的那些存在却不产生价值的节点，都会被冲击掉，比如加价的代理商、经销商、利用信息不对称赚钱的商家等。

按照上面的逻辑，社会一定会越来越公正，价值正在变得越来越对等，这才是一个高效运转的社会，中国正在一点点接近。

第四节

———— / Section / ————

从大破到大立

一、改革开放40年来的造富运动

20世纪80年代发家致富靠的是倒买倒卖。当时的暴发户主要是"倒爷",低买高卖,小到肥皂,大到电视机甚至汽车,胆大的都可以发家致富。

20世纪90年代发家致富靠的是建工厂。当时很多人并不满足于倒卖商品,于是开始从家庭作坊做起,通过一步步的发展自主建厂。低价、仿制是当时的主流。

2000年以后发家致富靠的是房地产。住房政策改革后,无论是造房子的还是炒房子的，都大发横财，直到现在他们还在坐享其成。

2010年以后发家致富靠的是金融互联网。随着互联网应用的成熟，借贷、高利贷、P2P、借壳上市、传销等各种传统的商业模式都为自己做了新的包装，赚取了大量钱财。

但是现在的中国，上上下下都看到了同一件事："暴利时代"已经彻底过去了。因为"暴利时代"只能存在于产品短缺、信息不畅、需求粗放的时期，而现在这些情况都不存在了。

如今，面对产能过剩、同质化竞争的局面，一些经营者还试图在越来越差的环境下挣扎。比如，很多工厂还在继续低价竞争做低端产品，坚持"一条路走到黑"。很多传统产业的生命期已经到了尽头，这是一个生命周期的问题，而不仅仅是结构调整的问题。

这批人大多依附于时代大势生存，他们往往善变、不讲原则，一旦经济大势已去，风口消失，他们就会败下阵来。

但是，"出来混早晚都要还的"。接下来，很多投机取巧的暴富者将会返贫。

二、返贫的方式有哪些

1. 楼市美梦破灭

很多富豪、有钱人都是靠炒房子起家的，但政府已经反复发声："房子不是用来炒的，而是用来住的。"因此，楼市的未来是可以预见的。

2. 资金链断裂和违约

很多企业陷入低谷，诸如企业的欠款、库存、账款都将出现问题，于是会出现大量合同违约，这将会对传统金融造成很大的破坏，社会的信任关系有待重建。

3. 廉价劳动力消失

如今，中国廉价劳动力优势已不再，低端制造产业如果不能转型升级，那么，等待它们的就只有破产和清算了。

4. 同质化竞争和产能过剩

社会上的产品越来越多，而且同质化严重，再加上电商的竞争，大家不得不打价格战，反正你不卖也有人卖，这将导致企业的利润越来越薄，甚至无利可赚。

5. 重污染、高能耗企业产业结构调整

健康问题突显，雾霾加重，使得政府层面会在环保方面重拳出击，于是很多高能耗、重污染的企业将面临重新改组或进行产业结构的调整。

6. 泡沫产业挤出效应

一些被吹胀的高端产业最终会现出原形。比如，新能源领域，

甚至包括"互联网+"等领域，从A轮倒下到B轮倒下，甚至是C轮等。

7. 政策改变

随着经济制度的完善，以及反腐力度的加大，原来单纯依靠政府补贴和支持的企业将寸步难行。

8. 资源枯竭

很多人依靠矿产、煤炭、石油等资源的开采去赚钱，然而资源越来越少，开采成本越来越高，并且资源价格起伏不定，导致企业无法维持。

总之，时代正在将一些投机主义者、特权主义者淘汰。当游戏规则发生改变时，他们将因缺乏足够的文化、智慧、创新、责任，而陷入被革命的危险境地。

旧的生态被新的生态取代，这是一种必然。但是，凡有旧事物消亡的地方，必定有新事物在野蛮生长。正所谓"无破则不立"。任何一次变革，都是淘汰一部分东西，然后建立起某些新东西。

三、所谓"大破"，破的是什么

"大破"破的是旧规则。什么是旧规则？在过去，我们以快速发展为主，发展就是硬道理。鼓励大家的也是敢冲、敢想、敢变通，这种经济粗放式发展方式，看上去很美。

以前大家都是你抢我夺，一旦嗅到商机，便立刻一哄而上，如果发现无利可图，再瞬间一哄而散。这一来一去如同蝗虫过境，转瞬便片甲不留，寸草不生，商业环境就是这样被破坏的。

一些商家"唯金钱是图"，哪里还有道德、理想可言？在经济粗放式发展时期，这种状态还有谋利的空间，一旦经济进入成熟期，如果还缺乏诚信与精耕细作的理念，大家只能"张飞穿针，大眼瞪小眼"，作茧自缚，陷入囚徒困境。

从经济学上讲，如果一个社会在社会规范、制度的安排上使得守信的收益不明显，失信行为的成本远低于其收益，如果一个社会缺乏一种完善的信用制度和相应的信用监督奖惩机制，信用优良主体得不到相应的肯定、鼓励和优良的待遇，必然会导致优良主体最终放弃一些原则。这种经济学中的"格雷欣法则"（劣币驱逐良币法则），不仅适用于经济生活领域，在其他社会生活领域也同样适用。

在经济生活领域中不诚信现象最为突出，无论在产品信用、商业信用还是金融信用上，皆有种种恶劣的表现。

在产品信用方面，一方面是近些年来虚假的广告宣传、产品说明、质量保证承诺等让人眼花缭乱，屡屡上当；另一方面是假冒伪劣产品充斥市场，各种制假、售假手法花样百出。

在商业信用方面，这些年在各种商品流通、经济交易行为发生过程中，坑蒙拐骗行为成了一些人发家致富的"法宝"，我国票据市场的失信和欺诈已经使票据成为资金风险的承载体和聚焦点，而利用合同进行诈骗已经成为市场经济的一大毒瘤。

在金融信用方面，对企业没有信用记录，对银行没有信用考评、信用记录，对担保没有信用评估系统，对政府没有失信惩罚规范，以至出现许多银行呆坏账、信用卡诈骗；而在证券市场，各种形式的造假也是层出不穷，编造报表、虚增利润、伪造银行对账单等各种形式的财务造假已经到了触目惊心的地步。

除此之外，一些服务性中介机构，如会计审计、法律服务、评估监理、房地产中介等，除了服务质量低下以外，还常常违反独立、公正、诚实的基本职业道德，这些现象已造成经济领域的混乱，严重扰乱了市场经济发展的正常秩序。

总之，之前的发展方式太野蛮和粗放了，很多是以牺牲"诚信"和"道德"为代价的，由于人与人之间不受契约精神的束缚，所以我们的经济像一匹"脱缰的野马"，拼命狂奔，而一旦度过了兴奋期，就会迅速疲软。

为了改变这种粗放的发展方式，我们需要重建规则和秩序，此乃"大立"。

四、所谓"大立"，立的是什么

粗放的发展方式，使我们将传统文化中很多优秀的东西都丢掉了，如道德、操守、文化、诚信等，这使人们变成了"经济动物"，所以我们首先迫切地需要重塑文化，其次是重建信用。

未来人与人之间最重要的一定是"信用"。一旦中国建立起一个强大的信任体系，将意味着社会有了一个公开、公平、合理的游戏规则，人人都将在遵守这个规则的前提下去创新与竞争。信任是一个社会结构的基石，它是社会运作效率提高的根本保证。一旦人人遵守规则，互相信任，道德自然就会树立起来。

今天不仅是一个大数据的时代，更是信用时代。良好的社会信用体系是经济社会健康发展的前提。

如今，世界正在成全这样的一群人，他们是有文化、有知识；懂创新、会创造；读懂时代、迎接变革；携带正能量、愿意改变世界的一群人。

随着互联网各种应用软件的普及，个体将从组织中解脱出来，世界开始进入更加精细化的协作状态。今后的商业社会最大的进步在于将个人价值和存在价值统一起来。

互联网释放了我们的个性，催生了大量自由职业者，无数平台的崛起，使你我有机会参与创造价值和输出价值。你越有能力、越有特点、越有特长，就越不需要依附某个组织。

过去一些人只顾埋头赚钱，他们的价值观是：无论你通过什么手段，钱赚得越多越好。现在的逻辑不一样了：你获得的收入与你创造的价值成正比。你想赚更多的钱吗？那就大胆地去创造吧，你的创造力和创新精神，乃至你的兴趣、你的才华、你的理想都将成为你的资本。

所以，让我们重拾信仰，同时找回兴趣、价值观和理想。做生意的年代已经过去了，做事业的年代到来了。做生意的基本逻辑是千方百计地寻找差价，而做事业的基本逻辑是创造社会价值的同时实现个人价值。

此时的社会结构正在变得扁平、柔软、有温度、有情感。过去我们说：要把公司做大、做强。比如，传统企业的终极目标是做到海量生产、海量用户。而今后这不再是公司的普世价值观了。

未来的社会将实现按需定制、按兴趣组队、按人群服务、小批量制作、不断迭代，所以也不存在产能过剩，因为现在产能过剩的本质不是产品太多了卖不完，而是真正能满足消费者需求的产品太少了。

用多样化的产品去对接多元化的需求，在大工业年代是不可能的，只有在互联网时代才可以将这种触点式的需求和服务一一对接。

未来不是不需要组织，而是将建立全新的组织。这是一种什么样的组织呢？它将是一条条交织的价值链组成的网状组织，自由职业者们可以利用自己的特长、资源开展多触点性质的合作。未来每个人都像U盘似地，即插即用，今天可以进入这个团队，明天可以进入那个团队，并形成网状组织，这种网状组织看似有组织、无纪律，但又具备完善的价值分享机制，可以自助式运转，可以随时产生聚变与裂变效应，发挥巨大效能。

这就要求我们所拥有的是一种平等的、公开的自助式运作系统，而不是一个由某个中心控制的系统。这是一种生态化、多方协同的管理系统，可以说，真正的繁荣时代到来了。

我们再也不需要KPI、不需要销售佣金、不需要绩效评估，我们只需要向消费者提供最独到的产品和服务，这是引领、激励和衡量一切事务的风向标。而这样做依靠的不再是管理制度，而是你能否充分发挥平台上每个成员的创造性。

今后中国将会逐步切换到一个全新的"操作系统"中，而设计和开发这个全新操作系统所用的语言，既不是规则，也不是制度，而是全新的文明。

第五节
————— | Section | —————

产 业 轮 回

一、产业链条

经常听到实体工厂抱怨如何被互联网冲击、自己如何空心化等，其实如果回顾一下若干年前工业革命是如何冲击农业革命的，就会明白现在企业被互联网冲击，只是历史规律的一个节点罢了。

中国有句古话叫作"一物降一物"。产业也是一个完整链条，一环扣一环，同时一个环节取代上一个环节，再反哺下一个环节，财富就是这样循环流动、生生不息的。

1. 工业对农业

我们都知道工农"剪刀差"，其实就是工业产品和农产品的定价机制。农产品主要以粮食为主，民以食为天，所以定价权在国家手里，即便有一些波动，因为是分散化经营，农民的议价能力也极弱，但是化肥、农药等属于工业产品，是由市场定价的，这就造成了工业产品对农产品的兼收并蓄，所以这也是农民贫穷的原因之一。

2. 互联网对工业

当互联网完成信息对接的任务后，经济运作逻辑全变了，工业思维是线性的、连续性的、可预测的，数字思维是断点的、突变的、不可预测的。工业经济关注的是有形产品的生产和流通，有形的空间对它来说既是优势，也是一种阻碍，而数字经济可以把人、货物、现金、信息等一切有形和无形的东西"连接"起来，完全突破了物理空间的限制，工业抢空间，互联网抢时间，这是完全不同层次的思维。比如"滴滴"是对出租车行业的革命，"摩拜"、"ofo"等共享单车是对自行车生产厂家的革命。共享单车不仅盘活了库存资产，还给人们的生活带来了更多的便利，这也是互联网对传统工厂的一种升级模式。

3. 资本对互联网

资本是"贪婪"的，专门寻找价值洼地和最大化增值空间，当资本嗅到其中的增值空间后，当然会"插足"进来。既然互联网抢的是时间，它就会推着你往前跑，好比"滴滴"这种平台一样，被一股无形的力量推着向前奔跑，当资本得到它们预期的利润之后就会撤出，留下一个空虚的躯壳，所以很多公司成也风投，败也风投。当然，资本对所有的新兴产业都是这样，包括人工智能等。

4. 权力对资本

资本变得越来越多，到几乎能吸纳整个社会的财富时，贫富差距就会越来越大，大众消费能力会越来越疲软。当资本试图一手遮天的时候，就会有权力出面调控和干涉，瓦解资本的扩张性，进行严格资本约束，优化投资结构。正所谓，"天之道，损有余而补不足"。

5. 民众对权力

权力所做的一切就是要对全社会进行管理，同时将社会财富用于各种民生保障体系的建设，包括扶贫、公租房、社保、教育、医疗、交通等，确保大家能过上安定的生活。

最后老百姓成了最顶端的受益者。

所以这是一个循环，也是一个轮回。这和农民趁麦子成熟的时候去割麦子没有什么区别。

对于每一个人来说，必须明白两点：

一个是空间：你所处的上下游环节是什么？

另一个是时间：你"收割"或"被收割"的时间到了吗？

空间与时间能确立一个坐标点，所以每个人都必须找准自己的位置。

如果再找一个点的话，那就是你自己。你对自己够了解吗？你站对位置了吗？

这就是人生最重要的三件事：我是谁？我在哪里？正在发生什么事？

二、未来商业的本质

未来商业的本质，可以用五个词语、九个数字来概括。

1. 数一数二

任何一个行业都会诞生出两家综合性、平台性的公司，而且这两家公司互为补充，它们负责整个行业的宏观运作，比如，电商行业的京东、天猫。这种大的平台型公司整合力极其强大，乃至会左右行业规则。

2. 不三不四

在这个行业里，除了这两家综合性公司之外，其他综合性公司一定无法再存在，这就是未来商业和传统商业的区别，因为综合性公司一定是平台型公司，而一个行业的平台型大公司一定最多只能有两家。

3. 五五六六

意味着这个行业虽然不会再出现大的平台型公司，但是一定会出现垂直、细分的平台型公司。比如，当天猫和京东成为综合巨头之后，像聚美优品、唯品会、当当等垂直电商依然会存在。

这些垂直、细分的公司将林立在行业里，和而不同，呈现出多元化并存的局面。

4. 七上八下

七上八下指的是产业链的纵向分布，之前的企业总是越做越宽，不断地横向发展，越来越大，所以很容易形成同质化竞争；而未来的企业将越做越窄，将在某个环节做到极致，企业和企业之间上下衔接，然后各种产业链条可以差异化共存。

5. 九九归一

未来无论是平台型公司、服务型公司还是产品型公司，都会被"通路型"公司整合。所谓通路就是物以类聚、人以群分之后，能把合适的产品送到与之相适应的消费人群的通道。

通路型公司是对原来传统产业结构的摧毁重建。未来只有现金流，没有利润率；只有售后，没有销售员；只有"连接"，没有营销。

── / Section / ──

投 资 曲 线

一、$E = MC^2$

无论世界如何发展和变化，其本质和规律都不会改变。无论是房市、股市、创业还是投资，一个市场越成熟，其发展轨迹越接近一条曲线。

这条曲线有两个要素：一是趋势，二是节点。掌握节点比掌握趋势要重要得多，一旦踩准了这条曲线的节点，就相当于把握了成功的命脉。

我们先从爱因斯坦的一个著名公式讲起：$E=MC^2$（能量＝质量×光速的平方）。

这是他一生智慧的浓缩，极其简练明了。这个公式说明，一切物质都可以转化为能量，深层次的含义就是能量才是这个世界的本源。

那么能量是以什么形式呈现的呢？那就是"波"。波是什么样的？想想我们高中曾经学过的正弦曲线吧。

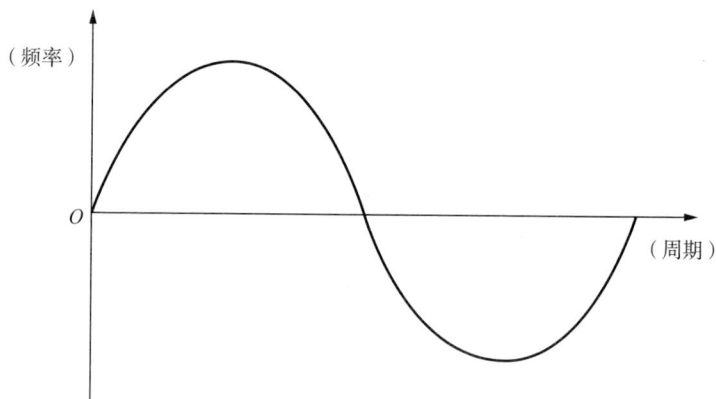

正弦曲线的一个完整的波长，也代表着事物的一个完整的发展周期。世间的一切有形、无形的物质都遵循这个规律，包括白天/黑夜、经济周期、房价、股市等，只是周期和频率各不相同，这其实是世界万物的基本状态。

如果我们再看下面这张图，就能明白它的根本属性了。

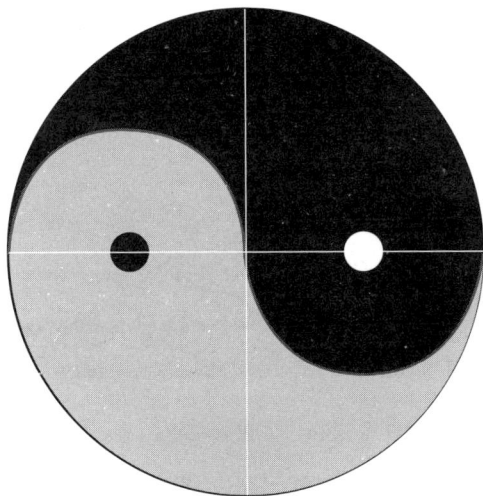

　　一黑一白恰恰是一个周期，也是一个整体，这也是万事万物都逃脱不了的规律。越是成熟的事物，其发展轨迹越接近这条曲线。

　　马克思也发现了这条曲线，他在《资本论》中写道：只要资本主义制度不改，经济危机的根源就无法消除，而且经济危机会周期性地爆发，这种周期包括四个阶段：繁荣期、衰退期、萧条期和复苏期，如下图所示。

　　这条曲线，其实就是当今世界经济的发展轨迹。

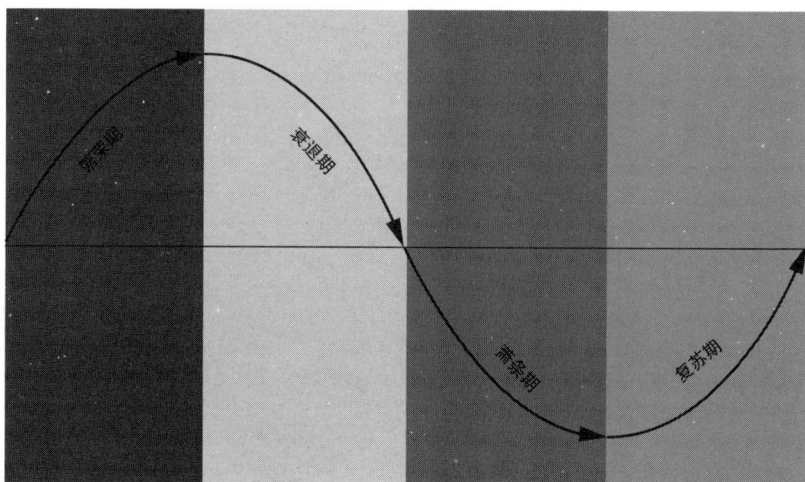

也就是说，无论是创业、就业、恋爱、交友、炒股还是买房，你都要明白你当前所处的位置和你即将面对的趋势是什么。没有什么是一成不变的，更没有什么外来经验能够直接拿来使用，关键看你当下所处的节点是什么。

二、虚实相得益彰

既然社会的发展本质类似于不断往前运动的正弦波，那么究竟有哪几种基本的形态呢？

水木然认为可以分为以下两大部分。

● 线上的信息流、货币流（虚拟产业）。

● 线下的产品流、人群流（实体产业）。

我们所从事的任何一个行业都离不开下面这四种业态，对于一个完整的产业来说更是缺一不可。当然每个行业的侧重点不一样，如：

"信息流"以媒体、电子商务等互联网产业为主；

"货币流"以银行、互联网金融等金融产业为主；

"产品流"以制造业、零售业等实体产业为主；

"人群流"以实体店、培训、教育等服务业为主。

它们之间的关系是这样的：

- 线上的"信息流"和"货币流"是相辅相成的，它们构成了虚拟经济；

- 线下的"产品流"和"人群流"是互相映衬的，它们组成了实体经济；

- 线上的"虚拟经济"和线下的"实体经济"是交相辉映的，它们形成了经济主体。

然后，它们之间彼此交融，类似于DNA的螺旋式上升结构，这就是经济发展的框架和逻辑。这两股流体一边交合一边延展，你上我下，我上你下，然后定期互换方位。

一阴一阳谓之道。线上的虚拟经济和线下的实体经济的关系与和谐程度，决定了经济的健康程度和发展态势。

以前各国都在争抢金融产业和互联网产业，把制造业推向国外，现在发现自己越来越空心化了，又回过头来抢占制造业，这其中最典型的国家就是美国。

显然，当下就是实体经济开始上位的时刻。虚拟经济存在久了，必须轮到实体经济上位了，这就是我们所说的虚拟经济过热及实体经济的回归。

科技和金融分别是实体经济和虚拟经济的核心支撑点。科技的本质是生产力，金融的本质是生产关系。生产力决定生产关系，生产关系一定要适应生产力的发展，不然就会对生产力产生阻碍，这是我们初中就学过的。

对于社会财富来说，科技和实业的作用是直接带来增量；互联网和金融的作用是优化存量、优化资源配置，从而促进增量增长。

所以，当今世界真正意义上的中心只有两个：一个是金融的核心华尔街；另一个是科技的核心硅谷。

水木然认为：这一轮大变革其实就是实体的回归，过热的虚拟经济已经让世界在怠速运转，接下来很多虚拟产业的泡沫将被刺破。我们必须要对这一变化做好充足的准备。

三、踏准市场节点

正如上面所言，一个市场越成熟，其轨迹发展越接近正弦曲线。

每一条曲线都包含两个重要要素，一个是趋势，另一个是节点。关于趋势的问题，我们已经讨论得太多，这里就不再多探讨了。实际上，掌握节点比掌握趋势要重要得多，比如房价，都说长期来看是上涨的，关键问题是房价的局部会有回落，那就要看你对节点的拿捏是否精准。

下面我们就以房市最近的一个完整周期为例，来看看节点是怎样产生并"原形毕露"的。

大家回想一下2015年下半年的经济形势，当时除了刚需族之外，房子基本没有其他人购买。那时流行的是创业，很多人奔赴在创业的最前线。

2015年年底中央经济工作会议召开之后，有一个词特别的"热"——去库存。当时二三线城市房子的库存量大得惊人，一些城市的去库存周期甚至达到了100个月。很多人认为房地产就此"泄火"了，都在唱衰房地产，这就是所谓的买涨不买跌。

随后政府出台了去库存的政策，开始救市。现在来看，去库存其实就是下一波楼市火爆的起点，从2016年下半年开始，先是深圳、上海领涨，苏州、南京、厦门、合肥"四小龙"跟上，然后杭州、武汉、广州等城市的房价也都开始大涨……

大家这时才发现新一轮房产牛市到来了，于是很多人趋之若鹜，开始去抢房子，这就是2016年年底的情况。这时政府意识到房价的飙升会对实体经济造成伤害，于是在2016年年底，同样是在中央经济工作会议上，政府发声："房子是用来住的，不是用来炒的。"

但是此时很多人依然扎堆去抢房子，认为抢到就是赚到，直到2017年4月，各地相继出台了极其严厉的调控政策，比如"限购+限贷+限售"。但即便如此，也没有控制住房地产的火爆，于是上海又出台了新房销售要公证摇号的政策。这种政策很有可能被其他城市借鉴。

从现在开始，房地产的火热行情一定会逐渐趋冷，进入一个低潮期。比如，现在很多地方房子的销售量已经开始回落，随之而来的就是价格的回调。当然，具体要看区域，但这就是趋势。

当房子再次出现无人问津的局面之后，一定会再次回到2015年年底的那种情况，然后开始一个新的周期。

我们需要明白一点：房价既不可能无限制下跌，也不可能无止境上涨，而下跌和上涨之间的那个节点与政府的调节有很大关系。

对于房价，当看到二套房贷的认定标准放宽、二套房首付比例降低，甚至房贷利率也出现折扣的时候，往往就是房价拐点显现的时候。水木然认为中国的房价曲线应该是下图这个样子的。

也就是说，虽然房价的涨幅类似正弦波曲线，但是中国房价整体应该像上图那样是迂回增长的，每涨一段时间都会下落一点，然后再大涨。

房市其实也是中国经济的缩影，看似非常复杂，其实就是一个政策市场而已。其他行业也符合这个变化逻辑，总之，就是根据政策的调节找准市场"节点"。但我们需要明白以下两点：

第一点，政策的出台往往是迟于市场的。就是说只有当市场反映出问题的时候，政策才会出台。

第二点，政策的调控往往是过犹不及的。就是说政府只要出手调节，往往出手都是比较重的，会把市场从一种局面迅速引向另外一种局面。

还是以房地产行业为例，当房地产过于萧条时，政府可以通过降息降准、减缓"推地"节奏、放宽限购，甚至通过减税、买房落户等各种优惠政策把楼市刺激上去。

当房地产过热时，就可以通过限购升级、增多土地供应量、提升学区房的含金量、提高利率等各种政策工具把楼市的流动性瞬间冻结，使房地产市场的流动性暂时趋缓。

四、众生之所求，正是你之所舍

所有的投资要诀都是一样的，即当别人恐惧时你要贪婪，当别人贪婪时你要退缩。其实这和中国商圣范蠡的"旱则资舟，水则资车"的逆周期商业思想是一样的。在干旱的季节就要开始准备雨季所用的小舟，在水涝的季节就要开始准备旱季所用的车，用以抵御物资缺乏。这说明我们做事要有预见性。

司马迁的《史记·货殖列传》中也提到：贱取如珠玉，贵出如粪土。意思是趁价格下跌时，要把货物像求取珠玉那样赶快收进来；趁价格上涨时，要把货物像倒掉粪土那样赶快卖出去。

在抽丝剥茧、洞察大众行为之后，要逆人性而动、逆大环境而动、逆大多数人而动，只有这样你才能成为那些获利的极少数人。

"华尔街教父"本杰明·格雷厄姆说过："投资中的最大敌人，很可能就是你自己。"因为投资就是与人性博弈的过程，最强的对手一定是你自己。一旦战胜了自己，便如同跳出三界外、不在五行中。宠辱不惊，看庭前花开花落；去留无意，望天上云卷云舒。

所谓"人取我予、人弃我取"，通俗一点来说，就是别人想要的东西你就给予，别人不要的东西你拿来。众生之所求，正是你之所舍。看起来是一种施舍和慈善，是无我，却也是世界上最高境界的投资，即大我。

最终，一切有形资产都是身外之物，你在这一过程中形成的思想、格局才是自己的。

CHAPTER

2

第二章

社　会

第一节

—— / Section / ——

未来的城市

城市是人类文明的重要载体，每一次人类文明形态的更迭，都会导致新型城市的出现。

在农耕文明时代，水是最重要的生产要素，没有水就不能生产，所以四大文明古国都发源于几大河流体系：尼罗河诞生了古埃及文明；幼发拉底河和底格里斯河诞生了古巴比伦文明；恒河和印度河诞生了古印度文明；黄河则造就了华夏文明。

到了近代，在工业革命和资本的推动之下，第一波全球化浪潮席卷而来，贸易和金融开始在全球一体化，那些聚集了人流、货物流、货币流的港口型城市，在全球资源配置中发挥了更重要的作用。

于是，中国兴起了几大门户城市，比如，贸易门户——广州；金融门户——上海、中国香港地区；行政门户——北京。这些传统的一线城市，主导了中国城市的格局。

而现在，我们正在经历人类文明的又一次升级，从"工业时代"大步迈向"互联网时代"，这是一场非常伟大的变革，也将诞生崭新的文明。

工业时代遵循的逻辑是"占有大于一切"。它关注的是有形产品的生产和流通，关注的是有形空间的占有和使用效率，但有形的空间对工业时代来说既是优势，也是一种阻碍。

互联网时代遵循的逻辑是"连接大于拥有"。它不求占有实体产品和有形资源，只充当大脑和连接，把人、货物、现金、信息等一切有形和无形的东西连接起来，突破了物理空间的限制，然后去调配大量分布在各地的外部资源，不求拥有，但求连接。

工业时代的思维是线性的、连续的、可预测的；互联网时代的思维是断点的、突变的、不可预测的。这是完全不同层次的思维模式，互联网时代代表了更高层次的文明。

我们先拿广州、深圳和杭州做一个对比。

广州作为中国传统贸易的门户城市，是传统商品的流通和集散地，而在深圳和杭州兴起的互联网应用，让传统商品的流通模式发生了重大改变。

深圳作为腾讯公司总部的所在地，承载了社会的信息对接功能。比如微信，数亿用户每天都在用微信进行商务活动，诸如点餐、打车、预约医生、查询快递、扫码乘车等，这些就像蚂蚁雄兵，蚕食了过去那些规模化、统一化的传统商业服务。

杭州作为阿里巴巴总部的所在地，改变了商品流通的通道。比如淘宝、天猫，连接了全球上百个国家、几十亿人口及数十万亿价值的商品，超过了世界上所有的超级港口与购物中心。

当社会的信息对接和商品流通渠道都发生了变化之后，传统贸易必将受到严重的冲击，这一点从广州的广交会及一些购物中心的逐渐萧条便能看出一些端倪。

未来社会的核心财富将不再是产品，而是数据和信息。谁满足了消费者的需求，谁掌握了消费数据，谁就可以制定新规则。

在互联网时代，以蚂蚁金服为例，它主导的小额线上贷款在5年多的时间里累计为400多万个小微企业提供了近7000亿元贷款；支付宝连接了全球6亿用户，它们惠及了千千万万个急需拯救的中小个体。

因此，未来的贸易核心是信息化调度，而非传统的物理输送体系；未来的金融是建立在大数据和信用基础上的普惠支持，而非传统的银行抵押模式。传统贸易和金融的核心任务是最大限度地对接大企业、大项目。而互联网时代的金融和贸易的核心任务是最广泛地顾及中小企业和闲散资金，这就顺应了"个体崛起"的大势，扶持了无数个个体一起成长。

如马云力推的e-WTP（电子世界贸易平台），目标是连接1000万个中小企业和20亿个消费者，更加大众化、更具普世价值。如果能把全球的中小企业和青年个体全部激活，再连接起来，这种颠覆是不可想象的。

而在互联网时代，因为有了各种平台，所以边界被打开了，这就让更多有创造力的个体融入到生产中来，每个人、每一支小而精的团队的能量都将得以释放。

如果有一辆汽车，你可以做司机；如果有一块地，你可以种东西。这样就把交易从之前的"企业对企业"变成了"个人对个人"，从"面对面"变成了"点对点"，社会越来越垂直细分，这就好比让人体的毛细血管更加丰富，供氧能力大大增强。

与此同时，把GDP作为工业时代的经济统计手段则有失偏颇。传统GDP核算有三种方法，即生产法、收入法和支出法，三种方法分别从不同的角度反映国民经济生产活动成果。这三种算法都有一个共同的逻辑，那就是用最后的结果数量减去开始的数量，然后得到一个增加值，这就是社会创造的价值。这是一种粗放式的计算方法，不能全面地反映经济发展的情况，具有一定的局限性。

所以，我们必须放弃生硬的生产指数统计办法，要对多种经济形式进行灵活细算，把规模小、未注册的团队的生产效能也统计进去，包括对不同性质的人赋予不同的权重，而不再单纯算人口总和。

2016年中国GDP规模在全球占比为15%，而在1998年，这个比例仅为3%。也就是说，近20年间，中国对世界经济的贡献增长了5倍。而在中国经济增长的这部分GDP里，"数字经济"的贡献功不可没。根据回归模型测算，数字经济指数每增长1点，GDP大致增加1406.02亿元 。以2016年为例，中国数字经济的体量达到了22.77万亿元，占到GDP总体量的三分之一。

唯一不变的就是变化。中国，没有永远的"北上广"。

其实，北京也正在面对雄安的崛起。

2017年，由10款不同汽车厂商组建的Apollo无人驾驶车队出现在雄安，这个车队被称为自动驾驶"国家队"，包括无人公交小巴、无人轿车、无人SUV、无人扫地清洁车、无人物流车……

雄安的定位是智慧城市，就是要人与人之间、人与设备之间、设备与设备之间能有效地连接，从而构建智能基建、智能运输、智能能源、智能医疗、智能教育等全新的社会结构。

比如智能医疗，它会利用智能传感器和ICT设备，将患者与医生及护理人员连接起来，提供量身定做的医疗服务。未来我们不再需要在拥挤的医院等待医生，我们的身体状况会储存在整套智能系统中，医生也将更容易了解我们的病史，避免使用令我们过敏的药物。

再比如智能教育，未来雄安也许会为每一位学生用AI量身定做教育课程，这里再也没有传统的学校和教师，也不再有统一的考试，课程越来越定制化、细分化，越来越有利于每位学生的成长特征和特长。

可以想象未来雄安或许将由机器人接管，打扫卫生的是无人扫地车，送快递的是无人物流车，指挥交通的是机器人交警，酒店前台变成了机器人接待，景区导游变成了精通各国语言的机器人导游……

如果说工业文明追求的是高速增长，让人类征服世界，那么互联网文明则让人类和自然，甚至和人工智能组建成命运共同体。

世界就像空中不断变化的风云，重组和变革无时无刻不在发生。

每一种平衡，一旦形成就会立刻被打破。

在古代，每个城市都会建立一道护城河用来保护自己。在互联网时代，开放化、共享化、平台化、流动化才是大势所趋。

现在，每个城市必须城门四开，随时准备接纳、欢迎各种创新和先进元素。

从现在开始，每一个人、每一座城市都需要一场自我革命。没有一种商业模式是长存的，没有一种竞争力是永恒的，没有一种资产是稳固的，没有永远的落后，也没有永远的领先。

这个时代，所有固化的、有形的壁垒，所有的世俗和价值尺度，所有的傲慢和偏见，都将被打破。一切金钱和物质交换将变成数字交换，世界将变得更加柔性而灵动。

这不仅是商业的大势所趋，也是众望所归。这就像一股洪荒之力，如果我们不能顺势而动，随时都将被历史大潮所淹没。

第二节

未来的教育

当我们的家长还在争抢天价学区房、名校名额的时候,殊不知一场教育革命正在发生。

未来的教育绝不是所谓名校名额、名师的争夺,而是一场人类思想的赛跑,真正能胜出的人,不是最有钱的家长,而是最能读懂这个时代的家长。

现代教育对家长来说更多的是教育资源的争夺。人们都千方百计地希望自己的后代更加优秀,从而实现家庭的升级和生命的延续。所以很多的家长都会穷尽一生的努力,为自己的孩子获取更好的教育资源。而教育的优质资源基本都配置在一线城市和核心位置里，于是天价学区房便产生了。

然而我们身处一个大变革的时代，商业的逻辑被颠覆了，经济结构被重组了，工业也走向智能化了。那么，教育就不可能一成不变。

传统的教育是大工业时代的产物，大工业时代就是要把整个社会都统一规划，所谓的提升个体素养，也无非就是把这些正在成长的孩子集中起来，统一灌输和指导，让他们统一学习知识，学生的个性和成长路线被框定起来，然后成为"人才"。

聚集学生的场所是学校，带领学生学习的是老师。然而学校和老师都属于不可复制资源，这一点是与大工业逻辑相违背的，因为它不可能像产品一样在机器上被复制出来。于是名校和名师就出现了，而且永远都具备稀缺性。

所以，你在哪里学习、你的老师是谁要比你是谁更重要。学生拼命学习，争取多考几分，就是为了能够拥有好学校和好老师。

而在这一过程中，学生们的天赋和个性都被磨平了，当然牺牲天赋就是为了换取一纸文凭，拥有它走向社会时更容易被认可。

但是大家有没有注意到这样一种现象：近年来社会上对一个人

的文凭的反应越来越冷淡了，我2007年大学毕业到现在正好11年，我身边的很多朋友几乎都不知道我是什么学校毕业的。

越来越少的人关心你的背景和资历，越来越多的人开始关注你究竟是谁，你究竟能做些什么，难道不是这样吗？

这个时代正在剥去我们一件件华丽的外衣，它要的是你真正的情操和最原始的本真。

当然，这一点还不足以撼动传统教育的地位，如果再提及人工智能的影响，你或许就明白现在的教育究竟有多么脆弱了。

现代教育的主体起源于西方，西方教育更注重的是对现实的改造，研究的是客观世界，而这种能力恰恰是人工智能最擅长的，可以说在人工智能时代，现代人类大多数的特性及能力都是多余的。早在2013年，牛津大学的卡尔·弗瑞和迈克尔·奥斯本发表了"就业的未来"研究报告，调查多项工作在未来20年被计算机取代的可能性。

举个例子：在美国请律师打官司很贵，尤其是专利官司。原因有二，一是打一个官司律师有时要浏览非常多的法律文件，成本很高；二是美国的专利官司对公司的追究是非常较真的，双方都不愿意输。比如，苹果和三星的官司已经花了几亿美元。

但是在人工智能时代购买一套自然语言系统就可以轻松地处理200多万份法律文件，这样打官司的成本就会大大降低。

这就是人工智能的长处，人类在学校里反复被强化的技能在它面前不堪一击。

而我们的孩子往往都在传统教育中迷失了自我，因为传统教育总是过于强调技能、实践，忽略情感、个性。当人们赖以生存的技能被取代之后，人们就会失去工作的机会。

人类该如何修行才能成为地球真正的主宰者？这就是未来教育要研究的问题。

中国教育学会副会长朱永新认为，替代传统学校的将是"学习中心"。

"学习中心"将打破传统统一的教材模式，去标准化、个性化、定制化不仅是未来工业的趋势、商业的趋势，也是未来教育的趋势。

未来每个学生都将拥有一份自己的课程、学习计划，不需要再有排名。

家长应该是孩子们最好的启蒙教师，将在每一个孩子的人生中扮演最重要的角色，家长必须善于发现孩子的天赋和特长，从小就开始帮助他们选课程，制订学习计划，而绝不是像现在这样拼命挣钱，然后送孩子读一个名校就可以了。

未来是"超级个体"的时代，每个有价值的人之所以有存在感，是因为他身上有无可取代的能力和特征，而这种能力与一个人的天赋休戚相关，教育的真正作用是无限挖掘一个人的天赋，使之无限释放。

下一代成长的环境也决定了任何机械式、填鸭式的灌输教育将会导致学习者的抵触与反抗，因为他们从小就习惯了在互联网上接纳思想，他们的思想是全开放式的。

知识网络化、教育网络化的时代，学生将不再受家长和老师的单向约束，而是要先学会自律，上学、放学、周末、寒假、暑假这种时间界限将变得越来越模糊了，最先学会自律的人将最先走向成功。

先是自我认知，再是自律，最后是自信，这是教育过程中的人格形成路线。

未来的教育会出现一定的人性回归，比如，孔子的弟子三千，因材施教，针对不同天赋的学生做不同的指引，最终培育了七十二贤者。

未来的学习，大脑能容纳多少知识点真的不再重要了，在人工智能时代，计算机的知识能让你随时取用，你要做的只是融会贯通，由一滴水看见大海，由一粒沙而感知世界。

未来的教师，将转变成一个学生的引导者、学习伙伴。

这正应验我说过的一句话：未来一切产业都将归同于服务业。

教育的意义是挖掘每个人的潜能与天赋，然后不断强化，让每个人发现自我、成就自我，成为最好的自己。

未来不再有"最好"的大学，未来只有更加适合个人的"课程组合"，这些"课程组合"是定制化的，"学习中心"取代的是学校，"课程组合"取代的是老师统一授课。而文凭和学历都将消失，教育培养的不再是善于考试的优等生，而是大批创造者、创新者。

/ Section /

未来的阶层

一、财富的马太效应

以前，我们的财富是跟劳动时间直接成正比的，打个比方，种1亩地需要花费100小时的劳动时间，最终产出100千克粮食，那么要生产1000千克粮食，就需要种10亩地，投入1000小时的劳动时间。出现偏差只是在于，有的人勤快一点、聪明一点，或者运气好一点等。

不仅农民种地如此，诸如工人上班、司机开车、记者写稿等都遵循这种规律。

在这种逻辑的基础上，如果你想获得更多的财富，就需要拥有更多的土地，雇佣更多的人种地，然后进入规模化种植阶段，此时你就不再是一个农民，而是变成了一个农场主。

作为农场主是要承担风险的，比如，天灾、虫害等，这就好比公司管理者要承担公司亏损的风险一样。作为管理者的劳动包含了更高层面的调控和指挥，需要智慧、胆识和魄力，所以获得的回报也比较高。

没错，这就是资本主义的形成过程和最终结果，也叫原始资本积累阶段。

而现在是数字经济时代，互联网改变了一切，有一种东西改变了社会的财富分布，它的名字叫"连接"。

没有这种"连接"之前，社会组织是散落状态的，所以很多小的区域容易形成独立的系统，在这个系统里生存机会少而单一。比如，张三在张庄、李四在李庄可各办一家商店，当然每个村庄都可多开办几家商店，只要商店不是"门对门"，都可以相安无事。

但是由于"连接"的存在，可能一件小事就会迅速引发一场传播和互动，瞬时抵达各个角落，人与人之间、组织与组织之间被彻底"连接"在了一起，让整个社会的资源和财富更加向极少数人手里集中。

比如，以前我们会去看一些现场演出，所以各地能供养一些演员队伍。而现在人们的注意力都被手机所吸引，手机屏幕的大小往往就是我们的视野范围，再加上发达的社交媒体，经常会蹿出一些"网红"充斥着我们的视野。也就是说，我们的注意力再也不是分散的，而是被集中到某个点上。"网红"通过影响力可以迅速获得融资，最终走上明星的路线，相比之下那些普通演员的生存空间却越来越小……

同样地，诸如零售业、餐饮业、娱乐业等行业都在经历一场"去碎片化"的大洗礼，机会和财富被大公司、名人取而代之。

所以，互联网正在加剧贫富分化，其实不仅仅是互联网，一切高科技，比如高铁、人工智能等，都在增强这种"赢者通吃"的效应，因为它们促进了资源的流通，而人有趋利性，资源流通性越强，人们就越容易把资源投向最增值的地方。

于是，这个社会的财富更进一步集中在少数人手中……

二、社会的空间效应

在贫富分化加剧的环境之下，世界也开始被折叠成多层。

这个世界看似是一个世界，却是由很多个平行世界所组成的。

曾获得雨果奖的小说——《北京折叠》，描绘了这样一种场景：

22世纪的北京，空间被分为三层。

上层500万人，生活24小时，随后被封入胶囊沉睡。城市折叠，变出另一个空间。

中层2500万人，大多是白领，生活16小时。当他们睡下后，城市再次折叠，又出现一个空间。

下层5000万人，他们是清洁工和个体户，生活8小时。

你也许看出来了，这是一套空间和时间的双隔离模式：500万人享用24小时，7500万人共享另外的24小时。

借用知乎网友的评论：

第一层世界的人从一个场合到另一个场合，交换共享资源；

第二层世界的人工作之余，还要把时间用在技能学习和自我提升上；

第三层世界的人在充斥着各种垃圾信息的互联网上度过，用廉价的食品喂饱自己，又被廉价的社交媒体消耗掉。

未来世界被设立成三层：顶层上流、中层中产和底层。类似于金字塔结构，越往下人越多。

《未来简史》的作者提出这样一个观点："人工智能将产生大量'无用阶层'。"显然"无用阶层"指的就是这些底层。

正如有人所说的，未来世界，每次通货膨胀几乎都传不到底层，通胀的货币都被能贷款的人消化了。

人工智能时代，人类很有可能出现异化，即我们的四肢、大脑将被赋予新的力量。未来社会的经济产物不再是工厂、汽车、武器，而是人体、大脑、思维。

未来拥有大量财富和控制数据的人，将优先获得这一机会，他们会不断地改造自己，从而使自己获得平常人难以拥有的权力和机会。

在古代，土地是最贵重的资产。因为大部分的土地集中在极少数人的手中，所以人被分化为贵族和平民。后来机器取代了土地变成了最贵重的资产，大部分的机器又被集中在极少数人手里，人类又被分化为资产阶级和无产阶级。

而未来，数据将成为最贵重的资产。大部分的数据又开始向极少数人的手中集中，人不会再分化为阶级，而是被分化为不同的"物种"。

在科技越来越发达、人工智能越来越普及的同时，人与人的差距会越来越大，大到无法跨越，乃至被划分成不同的物种。正如英国《金融时报》所描述的那样："未来不同物种的人们，将熟视无睹地擦肩而过。"

第四节

/ Section /

未来的稳定

电影《肖申克的救赎》其实暗喻了这样一个道理——"那些高墙很有趣。入狱的时候你痛恨它,慢慢地你习惯了生活在其中,最终你发现自己已经离不开它,因为它给了你一种莫名其妙的安全感。"

很多人对这种安全感形成了严重依赖,比如,影片中的布鲁克斯离开监狱以后,无法适应高墙外快节奏的生活和社会,被迫自杀身亡。

而安全感恰恰是中国人最传统的幸福基础,很多人的幸福都以此为根基。

但是现在，我们不得不面对一个现实，那就是当今世界将长期处于第四次科技革命中，移动互联网、物联网、人工智能、区块链、大数据等科技的发展，使我们这个社会一直处于波动性快速发展的过程中。

科技是一个社会前进的根本动力。只要科技在发展，商业的逻辑就会随之改变，于是社会被打乱重组，每一种平衡形成后又会立刻被打破。

这个过程不断反复，就像一个在水中漂浮的瓶子，始终处于摇晃的状态……

因此，未来的社会既不会像某些人担忧的那样会阶层固化，也不会像之前那样到处都可以找到稳定的工作和拥有安逸的生活。

未来只有一种稳定，那就是：你到了哪里都一样。

也就是说，无论你遇到了什么样的新挑战，还是到了什么样的新环境，你都能从容应对，这其中包括你的适应性很强，可以随时与外界沟通；你的独立性很强，可以独当一面；你的个体特征很强，无论到哪儿都能很快找到自己的位置，等等。

在互联网的帮助下，各种"个体"正在崛起，各种组织却在下沉。众多能力强的个体被动或者主动地站到了"台前"。

越来越多的人选择主动离开组织，比如，工人离开工厂去做快递员，或者去送外卖；美甲师离开美甲店主动给客户上门美甲；编辑离开了媒体去做自媒体；艺人离开经纪公司去做网红；司机离开出租车公司去开"滴滴"等。

即便是大企业也都在平台化，而平台化的本质就是在促使员工变成独立的个体。

这是人类第一次开始打破工业时代以来形成的"雇佣"模式。劳资双方似乎开始"断裂"了，项目越来越短平快，自由职业者越来越多，支付报酬可以直接与结果挂钩。

曾经有句话叫"我是社会主义的一块砖，哪里需要哪里搬"。这句话现在看来才得以真正实现。

正如有人提过的"U盘化生存模式"，即像U盘一样，随时能插入一台计算机上，随插随用，不用缓冲，就能立即投入到新的工作状态。

这才是未来的稳定，你得变成一个"超级U盘"。

未来没有稳定的工作，只有稳定的能力。真正的稳定，是你到哪里都有饭吃。

这也是一场效率革命。如果你正在做的事并没有将你的能力发挥到极致，你就需要考虑改变了。

但最值得惊喜的是，这也使我们可以有机会选择自己喜欢的行业，做自己喜欢的事情，这和为了谋生去做事，将是完全不一样的感觉。

最重要的是，这使我们的私生活和工作之间的界线越来越模糊，工作的最高境界就是为了生活，而生活的最高境界也可以是为了工作。在这种情形之下，工作才不至于成为生活的负担。

有人会说，这不就是号召大家都去"打零工"吗？打零工是为了维持生活所需，是一种单纯的出卖自己的劳动力的行为，跟一个人的兴趣、志向都无关联。

现在随着温饱问题的解决，我们应该利用自己的特长、资源来实现自己的更高价值，根据马斯洛的需求层次理论，这属于更高层次的需求。

如果从另一个层次来看，这其实也是一场人性的解放，因为我们可以自由支配时间，选择自己钟情的服务和消费者，人们之间开始独立、互需，这将促进人与人之间的人格平等。

未来社会是由一个个充满动力和激情的承包人、供应商组成的新型经济社会，一定有一批人率先成为生活的主人。

你是谁?

你有什么特长?

你能为这个世界做些什么?

弄清楚这三个问题后,再不断地加强自己在某一方面的能力,然后强化到能以不变应万变,这才是未来稳定生活之道。

世界唯一不变的就是变化。稳定的本质就是你拥有化"变化"为"不变"的能力。

"从我们这一代人开始,每一代人都需要一场自我革命。"这是美国第三任总统托马斯·杰斐逊的一句名言,他说这句话的时候针对的是一群年轻人,他们是来自各个州的议员。

一个国家的年轻人应该勇于面对时代的变革与挑战,支撑起整个国家的未来。中国梦的实现,机遇与挑战并存,希望与考验同在。广大青年现在是后备军,不久会是生力军,将来更会成为主力军。

生活如逆水行舟,不进则退。追求梦想的道路,注定不会平坦,注定会危机四伏。这是对我们的严峻考验,就像太上老君的八卦炉是对孙悟空的考验。假如梦想可以信手拈来地轻易实现,那梦想就不具备任何存在的意义了。

3

CHAPTER

第三章

人

三 种 思 维

人与人之间的区别，不仅是"认知差别"，更重要的是"思维差距"。

一、什么叫认知差别

同样是摆在地上的几块砖，一般人看到的是砖头；精英看到了它的组成和作用；王者看到了它正在构建起的摩天大楼。

思维差距是在认知差别基础上增加了行为和习惯元素。

在不同认知的人眼里，世界是完全不同的。不同思维的人，表现出来的行为是完全不同的，并且这里有规律可循。

二、差距体现在哪些方面

1. 普通人成群化，精英个体化，王者孤独

普通人喜欢成群结队。他们之间的结盟并不是因为利益和价值观，目的性不强，常常聚得快散得也快。

精英们则越来越个体化，他们总是小心翼翼地保持和每一个人的距离，随时可以和一个人走得很近，也经常和别人疏远，他们不会随便沾亲带故，谨慎处理和每一个人的关系，因为这样进可攻、退可守。

王者永远都是孤独的，尽管高处不胜寒，但他们自身已经比较圆满，所以并不需要被理解、被认同。他们的动力来自于希望和理想，然后按照自己的设定处事，心中无缺所以富有，被人所需所以贵气。

2. 普通人关注对错，精英关注利弊，王者关注整体

普通人独立思考能力弱，受教育和周围环境的影响太深，内心无形当中有一把世俗的标尺，遇人遇事时，就按照自己的标准给人先贴上一个标签，把别人分成好人、坏人；应该的、不应该的；对的、错的。

精英们不愿意把时间、精力浪费在无关紧要的表面问题上，他们更习惯于从利弊、得失的角度去分析问题，善于马上采取措施，解决现实问题，一切以结果作为考量标准。

王者们追求的是和谐、圆满，俗话说和气生财。他们往往会照顾到各方利益和感受，追求和谐、统一的大局。他们不善于标榜自己，但这并不代表他们没有良知和道德。相反，他们往往比那些精英更善于维护社会的正义和公平，更善于约束自己。

3. 普通人注重关系，精英注重规则，王者注重平衡

普通人往往更相信身边的人，更看重关系，以特殊化为荣，少有契约精神，这是一种陈旧的小农意识。

精英们往往更相信规章制度，他们愿意遵守各项规则，并在此基础上施展自己的能力，哪怕是投机主义、利己主义，也依然会在规则下行事，愿赌服输，具有契约精神。

王者们不被规则束缚。他们总是胸怀大的格局，喜欢使团队而不是个人的利益最大化。作为舵手，他们必须时刻维持大船的平衡，这是一切创新和改变的基础。每一个团队、公司、国家，都需要这种人作为领导者。

4. 普通人被引导，精英善学习，王者善总结

普通人总是被网上各种碎片化的新闻和信息牵着走，轻信这

些内容参差不齐、带有情绪化的胡言乱语。

精英们则更加理性，他们喜欢购买和阅读各种书籍，参加各种讲座和培训，而且愿意为知识买单，很多知识付费的产品就是针对这类群体而创立的。

王者具有很强的洞察力、归纳总结能力，所以善于触类旁通，往往能由一滴水而看到整个大海，能通过身边的风吹草动而发现新事物和趋势，当然他们也很善于自我反省，诚实地面对自己的不足。

5. 普通人做事，精英做式，王者做局

普通人适合做"螺丝钉"，就像一块砖，哪里需要往哪儿搬。

精英擅长做模式，把事情模式化，然后迅速复制、扩散。

王者喜欢做局，把一群不同的人联合起来，然后各司其职，形成一个系统。

6. 普通人要安慰，精英要真相，王者要希望

每当有社会事件发生，普通人就会跟风起哄，表面上是关心真相、公平，其实要的是心理抚慰，然后附和着自己的情绪发泄，充当"键盘侠"。

而精英们则喜欢客观冷静地分析和推理，先弄懂事情真相，再

下结论，他们往往不容易被情绪化的东西所左右。

而王者，则无论发生了什么，都会努力托住社会下沉的戾气，给予大家积极向上的希望。

这就是对三种思维差距的剖析：

- 普通人看别人短处，精英看别人好处，王者看别人长处；

- 普通人看当下，精英看趋势，王者看必然；

- 普通人要养家糊口，精英谈回报，王者看空间。

人与人的区别，究其本质是格局的区别。提升自己的格局，才是人生逆袭的必然途径。

无 用 阶 层

20世纪90年代，美国曾经召开过一次神秘的会议，这个会议集合了全球500多名经济、政治界精英，其中包括布什、撒切尔夫人、比尔·盖茨等大名鼎鼎的全球焦点人物。

经过商议，到会的全球精英们认为：经济的不断发展会造成一个重大问题——贫富悬殊。在21世纪，仅启用全球人口的20%就足以维持世界经济的繁荣，除了这20%之外的人都将被"边缘化"。

也可以这样理解：未来的人类有80%人口属于边缘化人口，这对于20%的有价值人口来说，会产生极大的安全问题。

那么该如何安置这80%的人呢？

当时美国高级智囊布热津斯基认为，没有人能改变未来的"二八现象"。我们唯一能做的就是给这80%的人口塞上一个"奶嘴"，让他们安于为其量身定做的娱乐八卦、低成本、麻醉的信息中，使他们慢慢丧失理想和热情，以及思考的能力。

这就是名声昭著的"Tittytainment"（奶头乐）战略。

"奶头乐"战略，具体指的是什么呢？

该战略包括发展一些低俗产业，特别泛指那一类让人着迷、低成本、能够使人满足的低俗娱乐内容。这种娱乐十分受欢迎，由于生活辛苦的大众对此需求很高，使得其不知不觉地沉溺于享乐和安逸中，从而丧失上进心和深度思考的能力。

一言以蔽之，那些被边缘化的人，只需要给他们一口饭吃、一份工作，让他们有东西可看，便会让他们沉浸在"快乐"之中，不思进取。

为什么这类人会心甘情愿地沉溺在这些内容里呢？

只要是人都有自然的、原始的需求，当这种需求被强化满足之后，就会有一种愉快的感觉，尤其当刺激强烈时多巴胺会大量释放出来，让人享受到一种如痴如醉、如梦如幻的感官体验。

浅层次的刺激有笑话、美食、挑逗、赞美、看热闹，甚至惊恐（不少女孩喜欢看恐怖片就是这个原因）；中等层次的刺激有抽烟、游戏、整容；深层次的刺激有性爱、豪赌、毒品，俗称"黄赌毒"。

当一个人习惯了被这种内容填充和刺激之后，轻而易举就能获得愉悦感，慢慢地就会沉溺其中……

《娱乐至死》一书前言里提到这样一段话（有节选）："人们在汪洋如海的信息中日益变得被动和自私……真理被淹没在无聊烦琐的世事中……我们的文化成为充满感官刺激、欲望和无规则游戏的庸俗文化。"

过去的"非主流"都成了现在的"主流"，再挟裹着利益的驱使，社会对这些文化也越来越宽容、乐见其成，美其名曰：存在即合理。

但是，也必然会有一部分处于中上层的人群，会利用掌握的知识和资源，以及互联网工具，不断迭代自己的产品和技能，努力向顶层靠拢。

更需警醒的是，在20世纪提出这个"二八"观点的时候，人工智能的发展还不成熟，而现在随着人工智能的蓬勃发展，这个趋势会被进一步强化。

未来甚至只需启动2%的人，社会就可以良性运转。也就是说，未来98%的劳动力将被弃置不用，这些人或将沦为"边缘人口"。

要知道，人类存在的价值，在于能给世界提供两大资源：智慧和劳动力。现在劳动力正在被人工智能一点点取代，那么人类能给世界提供的，也只剩下"智慧"和"思想"了。

这也就意味着，如果你在未来不能给世界提供智慧和思想，你就没有存在的价值和意义。

所以，我们现在能做的，就是形成和完善自己的独立思考能力，对各种低俗文化坚决抵制，然后在自己的领域不断深耕和精进。

第三节
/ Section /

定位与热爱

当一个社会的基本组成从"企业+员工"迈向"平台+个人"的时候，也就意味着资本正在走向"裂变"的时代。

这时人的能力会大大释放，必然会有一部分看透趋势的人快速崛起。

他们既不依靠创业，也不依靠传统路径，但却可以轻松获得成功。

这些人究竟是谁？又凭的是什么呢？

一、热爱——互联网时代的第一生产力

以前衡量一个人的价值，是看他被"打磨"的成本是多少，不需要他有多少想法，只需要他很容易被管理和使用，这个时候人只不过是大机器上的一个零部件。

而现在衡量一个人的价值，是看他的个性和特长究竟有多出众，更需要你有自己的想法，甚至要能超越框架的束缚，善于创新。

而这种想法和创新，靠的是什么？靠的是一个人对生活的热爱。

就是说只有热爱，才能激发一个人的潜能！

举个例子，即使李白做了官，总有一天还是会脱靴辱骂高力士，他最终还是会浪迹江湖的。这是因为他是一个充满浪漫主义情怀的诗人，他的兴趣天赋和才能都在写诗上。

你可能会说，爱好又不能当饭吃，人早晚还是要面对现实的。

但是现在不一样了，互联网的最大价值就是可以让人的兴趣转化为财富。李白如果生活在现在，很有可能是中国最大的IP，粉丝无数，价值几何，不可估量。

时代不一样了，兴趣也能当饭吃了。

热爱，才是互联网时代的第一生产力。

为什么这样说呢？

由于各种"平台"和"连接"的产生，社会的每一种需求和价值都能被精准、高效地对接起来，尤其是个性化的产品和个性化的需求，都能很快互相对接。工业时代那种将人们的需求"整体切割"再去"分类满足"的方式被抛弃了，"多个服务个体"开始分头对接"多种个性化需求"，社会分工更加细致了。

同时，过去受限于团队合作才能完成的服务，现在可以轻而易举地找到合适的个人完成；过去受限于市场规模不能成立的特色小企业，现在可以利用互联网找到客户；过去受限于信息障碍不能满足的个性化需求，也能利用互联网找到生产个体。

互联网使社会的分工进一步细化，在信息高效对接的背景之下，人与人的协作效率越来越高，合作成本越来越低，行业开始越来越细分，人的分工也越来越精细。我们只需专注自己擅长的某一领域，其他方面自然会有人来协助。

于是，人的长处决定了人的价值，以前我们都拼命补短板，今后我们需要不断提升长处。在未来的大生产里，你贡献的只是你的长处，而你的短处可以尽可能地隐藏起来。大家可以各尽其才、各取所需。

那么，在这种状态之下，对一个人来说什么最重要？显然是你的个体特征。

你的热爱和兴趣，决定了你终生为什么而奋斗，决定了你所处的社会位置，乃至决定了你人生的意义。

我坚信：未来，会有越来越多的"爱好"会变得实用，越来越多的兴趣会变得有价值。

未来，我们只需专注于将某一方面做到极致，便可以释放出巨大的生产力。

泰德·拉尔曾提出："一个世纪后，废奴、普选和八小时工作制将成为基本人权。"

而在互联网时代，这种变化根本不需要一个世纪，当下就已经开始。

在以前，我们硬性地制定出了各种条条框框的规章制度，人们需要在规定的时间做规定的事情并且完成规定的目标，所以人是服从于组织的。而在互联网时代，我们只需要利用特长和才华，做好自己喜欢做的事，就可以为这个世界创造价值，还顺带实现了三个自由：时间自由、空间自由、财务自由。

二、人性回归

互联网时代是一个人性回归的时代，我们需要坦诚地面对自己的内心：我究竟是谁？我可以做哪些有意义的事情？当每个人都发自内心地思考这些问题的时候，社会的组成结构一定能发生重大改变。经济的本质是创造财富，而人是创造的第一要素，人要各归其位，经济才有动力去发展。

或许有人说，我不擅长读书，不会写作，不会那些"高大上"的脑力活，只会干一些体力活、杂事儿。其实这和做什么工作没有关系，关键看你对这份工作有没有热情。

来看一个例子：

美国石油大王洛克菲勒原来只是一家石油公司的小职员，他每天所做的工作就是检查并确认储油罐的盖有没有被焊接好，这在当时是最低档的、最机械的、最没有创造性的工种。

有一次他突然发现储油罐每旋转一次，焊接剂滴落39滴，焊接工作便结束了。于是他就想：焊接剂能否少用一些呢？如果能将焊接剂减少一两滴，是不是就能节省点成本？

他开始对这个当时被认为无聊的问题进行了长期的观察和研究。不久，他陆续研制"35滴、36滴、37滴型焊接机"，但遗憾的是都没有获得成功。

然而洛克菲勒并没有因此而退缩和气馁，又继续研制"38滴型焊接机"，经过不断测试后居然成功了。然后他为此申请了专利，并找人投资生产出这种新型的节约焊接剂的机器。

虽然洛克菲勒节省的只是一滴焊接剂，但这"一滴"却给公司每年节约了上亿美元的成本。他后来也终于成了美国著名的石油巨头。

对于洛克菲勒而言，正是这种对一份普通工作的热爱和情有独钟，才激发了他的思考和创新的热情，从而撬开了财富之门，成为美国19世纪第一个亿万富翁。

未来是一个怎样的时代？在未来，每个人都能各尽其才、各司其职，每个人的才华和创造力再也不被琐碎的生活所羁绊。不管你是想劈柴喂马、面朝大海，还是想周游列国、世外桃源，不管你是想以悠悠岁月立一技之长，还是想宠辱不惊看尽人间花开花落，都可以凭借兴趣和才华过上你所向往的生活。

这也是一个最坏的时代，传统组织会在转型过程中遭受撕裂一般的剧痛，一部分人会因为适应不了这种变化而愤愤不平，他们会因为沦落为泛泛之辈而倍感失落。可以说，这个时代很美好也很残酷，若不能创造价值，也就离被淘汰不远了。

三、几句良言

- 今后最好的投资是自我投资。

- 短板理论失效，长板理论诞生。一定要成为某细分市场的佼佼者。

- 兴趣至上、情怀至上、理想至上。

- 别人浮躁你淡定，别人喧哗你思考。

- 适合你做的事，只要开始想干什么时候都不晚。

人和人需要联合起来才能战胜自然，所以人和人的距离走得越来越近。而现在随着社会物质的极大丰富，人与人之间的距离正在疏远。

其实，人世间很多纠结与苦难，都是因为人与人走得太近了。一旦两个人之间没有任何距离，不再分你我，恩惠一旦变成恩宠，情感的性质就开始变化了。喜欢的程度越高，最后受到的伤害就越深。

老子曰："大曰逝，逝曰远，远曰返"，意思是万物都是由小到大、由大到小循环往复、变化发展的，揭示了一种对立转化的规律。

老子还有句话："鸡犬之声相闻，民至老死不相往来。"其实这句话可以理解为人和人相处的最高境界：即便近在咫尺，也不会互相影响和干涉，彼此独立，和而不同。

君子之交淡如水。人与人之间最好的关系是欣赏彼此的长处，懂得对方的不容易，互相欣赏和关注，虽然不天天在一起，但是当你需要帮忙的时候，他能伸手；当他有需求的时候，你懂他想要什么。这是一种默契，也是人与人之间最好的关系方式。

第四节
/ Section /

人性和伦理

一个健康的人的任何一种行为，都是服务于他自己的目的的，这就叫人性。

孟子曰："有恒产者有恒心。"他认为人们拥有一定数量的财产，是稳定社会的基础。我认为今天可以改成：有恒业者才有恒心。

因为无论你是谁、掌握了什么资源、积累了多少产业，总有一种变革针对你，总有一款危机会降落在你身上。

没有一种模式是长存的，没有一种竞争力是永恒的，我们所有的经验和积累，随时都有可能被颠覆、被清零。我们只能在夹缝里求生存。

这是一个被任意洗牌的时代，我们怎样才能保持初心和恒心呢?

浮躁是这个社会和时代高速发展阶段的副产品。

在世界近代史上，那些刚刚兴起的资本主义国家满世界寻找财富和贸易机会，充满了各种"不得安宁的劲头"，如法国历史学家托克维尔在200年前就曾这样描述美国："他们在享受了繁荣富裕的同时，永远想要更多，看到别人有他们没有的东西的时候就感到痛苦。"

马克·吐温在《镀金时代》中说得更加直白："美国人一门心思筹谋宏图大业，进行各种投机钻营……为了暴富而欲火中烧。"

所以，在一个激荡的年代，面临一个日新月异的社会，很多人的心态都是一样的：捞一把就走，然后伺机再捞下一把。

社会发展得如此之快，让我们很多人变得焦灼不安，着急成功，着急过标配的生活，着急实现自由、体验人生……

梁晓声说："中国人不分男女老少、不分农村城市、不分贫穷富裕、不分官员群众，总而言之我们集体陷入了忐忑、焦虑的年代。"

的确，焦虑才是当下社会的常态。在一个没有恒心的社会里，一个不焦虑的人反而是不正常的。

那么，在未来，人们还能过上安稳的日子吗？

很难。

因为科技一直在创新，尤其是在资本和效能的催化作用之下，各种发明创造会一个个袭来，各种传统会不断被颠覆，进而导致社会秩序的不断重组。

如上一波互联网浪潮刚过，这一波人工智能又已来袭，格局刚一形成又得重组……

一种平衡刚一形成就立刻被打破，社会就像一个在水中不停摇晃的瓶子，我们只是其中的一粒细沙。

在效率最大化的思维主导下，我们的生活节奏被不断鞭策加快，凡事追求立竿见影，"疲于奔命"成了多数人的状态，"抢到就是赚到，时间就是金钱，一切用结果说话"，就是现在普世的价值观。就连蹒跚学步的孩子，都不能"输在起跑线上"。

这种对效率的极端追求，导致了人们对过程、规则的蔑视。人们已经进入"无利不往"的状态，对待事物越来越冷静、现实、理性、麻木，活得就像一台设定了既定程序的机器。

机器有三观吗？有人品吗？都没有，衡量一台机器的价值就是看它的工作效率。

我们每一个人的存在价值，也正在这样被衡量着。

但是，人都是有感情的，都有倾诉和表达的欲望，但此时我们却无处发泄。我们总是止于表面的应付，内心怎能不孤独呢？

然而，未来没有人能理解你，你也不需要理解别人。

未来的我们会越来越焦虑、越来越孤独。

这似乎显得很凄凉，但我们必须得适应。

不过，下面这一点才是最值得担心的：

当人类在一点点变成"机器"的时候，机器却在一步步变成"人"。

随着人工智能的发展，机器正在试图拥有人类的感情和灵性，它们在尝试跟人类去沟通，读懂人类的心理变化，随着如情感识别、语音合成等技术的不断发展，机器逐渐被赋予了人类的特征……

也许人类在不远的将来会消失在其创造的文明里。

霍金说："人工智能的成功是人类文明史上最大的事件。"

或许有一天，人类所创造的财富、坚持的观念、伦理及傲慢，都将云消雾散。

4
CHAPTER

第四章

价　值

第一节
—— / Section / ——

顺 势 而 动

现在大家熟知的电动汽车诞生于1881年，是由法国工程师古斯塔夫·特鲁夫发明的。这比卡尔·本茨发明的汽油车还要早5年。但直到100多年后的今天，特斯拉电动车的出现才使人们对电动车燃起热情。人们把特斯拉电动车的发明人马斯克奉为天才，却对100多年前发明电动车的人毫不知情。

一个人的命运，要靠天分，要靠奋斗，但更重要的是要判断自己所处的历史进程。

因为世界的变化越来越快，在时代的浪潮里，每个人都需要努力和天分，但只有踩到了浪潮之巅的人，才能乘风破浪！

1890年7月27日，37岁的梵高在麦田里绝望地掏出了左轮手枪，望了一眼阴沉的天空，然后开枪击中了腹部，倒在了血泊中……

与此同时，在世界的另一个角落，一个9岁的小男孩——毕加索，正偷偷欣赏教室窗外的美景……

若干年后，他们都成了艺术巨匠。然而两人的命运却大不相同。

梵高生前穷困潦倒，屡遭挫折，生活异常艰辛。在其短短10年的创作生涯中，一共画了864幅油画、1037张素描、150张水彩画，但在其有生之年很可能只卖出过一幅作品，名为《红色葡萄园》（*The Red Veneyard*），收入是400法郎……

相比之下毕加索的人生灿烂辉煌。他是美术界少见的老寿星，活到了91岁，结过两次婚。毕加索辞世后留下了4万多幅画作，还有数幢豪宅。据统计，其遗产总值高达二亿六千万美元，是美术史上最有钱的画家之一。

毕加索曾经这样形容梵高："这人如果不是一位疯子，就是我们当中最出色的。"

身处同一个时代，都才华横溢，都是画家，为什么两者的命运却有天壤之别？

梵高的画卖不出去，究其原因就是他的作品不属于那个时代，具有超于时代的审美。

19世纪中叶，多数画匠都出自于皇家美术学院，他们有着深厚的素描基础，并且精通人体解剖，画风严谨、细腻，画作强调的是"正确"。

而梵高的作品，画风怪异，不讲究细腻和细节，更多的是精神世界的绽放，这种风格在当时的人看来是无法理解的。

直到梵高死后，艺术流派才开始多元化，因为大众逐渐开始接受和欣赏叛逆、非主流的风格了。

梵高不够努力吗？不够有才华吗？都不是，他只是过于沉溺于自己的世界。正如他曾经在给友人的信中所说："我努力创造出一些写实但有感情的作品。"

不仅是梵高，那些和他一样的后印象派画家，都是在去世后很久才得到社会承认的。

同梵高相比，毕加索显得更识时务。他非常有商业头脑，在19世纪西方的金融还不够完善时，毕加索已经学会了利用信用创造财富，比如他购买小件的生活用品也喜欢用支票付款。

同样是画家，为什么梵高等人终生贫困潦倒，毕加索却如此富有？原来，毕加索不仅是一位绘画天才，还是一位营销达人。

毕加索每次出售他的画之前，都会先办画展，然后召集大批熟识的画商来听他讲"故事"，讲作品的创作背景和创作意图，还有和作品相关的故事。

一幅画想要卖得好，先要画得好。可假如仅仅是一幅画，恐怕没人愿意为它付出高价。因为人们更感兴趣的是这幅画背后的故事。有了这个兴趣，故事就值钱了，故事里的画也就值钱了。这是一种产品"货币化"的过程，很多人不明就里，毕加索却深谙此道。如今，价格昂贵的产品无不具有生动的品牌故事，而且这些品牌故事每天还在被标新立异地演绎着。

总之，毕加索是一位很能认清自己所处时代的人，他印证了中国的一句话："识时务者为俊杰"。

所以说，成功有三大因素：天时、地利、人和。

天时：你能借助时代的力量吗？

也就是说，要树立目标、关注社会的发展，以及提升自我，做好准备。

地利：你的努力和勤奋程度如何？

也就是提升解决问题的能力，以及迅速提升自己的"地位"，在快速发展的环境中取得优势。

人和：你的天分特长是否能得到发挥？

也就是借人借力、登峰造极，打造自己的个人魅力，创造个人价值和品牌。

我相信，在人类历史的长河中，一定有很多人像梵高一样，不懈努力，盼望再开山立派。

但是，与自己的天分和努力相比，认清自己所处的历史进程更为重要。

因为这代表着天时。

"天地不仁，以万物为刍狗。"在老天爷面前，我们真的很渺小。

每个人一生有三次心理成长期。

- 第一次是发现自己不是世界中心。

- 第二次是发现自己不能改变世界。

- 第三次是认清现实后依然热爱世界。

第二节

————————————————/ Section /————————————————

诚 信 无 价

穷人积累财富的轨迹是：努力工作→挣工资→消费→储蓄。穷人拼命赚钱，除去生活开支以外，将剩余的工资全部存入银行，等需要用钱的时候，再从银行取出来。

富人积累财富的轨迹是：努力打拼→创造利润→想办法向银行借钱→用负债的方式理财、创业。富人总是想着借鸡生蛋，用银行的钱来为自己积累财富，最终让自己走上致富之路。

其实负债也是一种能力。

大家看这个"债"字，拆开来看便是"一个人的责任"。一个敢于负债的人，其实是一个敢于对未来负责任的人。

一个人负债为0元，说明他生活安逸；一个人负债5万元，说明他有责任；一个人负债20万元，说明他了解金融；一个人负债50万元，说明他有能力；一个人负债100万元，说明他有车有房；一个人负债200万元，说明他事业有成；一个人负债5000万元，很有可能他是上市公司老板。

因此，在一定程度上说，你能借来的钱越多，就越能证明社会对你能力的认可。就像银行不会给一个无业青年授信一张额度为10万元的信用卡，却可以给一个企业高管授信一张额度为100万元的信用卡一样。

这个世界上越牛的人，负债（欠的钱）越多。我们都知道，美国是世界上唯一一个超级大国，也是全球最富有的国家。但是你知道美国在全世界的债务有多少吗？

美国可是全球最大的债务国。据统计，美国在全世界的债务已经高达20万亿美元了。20万亿美元是什么概念呢？它相当于25个苹果公司市值之和、50个阿里巴巴市值之和，或是260多个百度市值之和，甚至把美国拍卖光，也会资不抵债。

但是为什么美国就可以欠那么多钱呢？究其根本原因，是因为它是世界上唯一的超级大国，它的地位决定了美国在全世界的信用。美国发行国债，全世界都得来买，而非洲一个贫穷国家要是发行国债，有国家敢买吗？道理就在于此。

有人说美国就好比这个市场上的"黑社会老大"，它给每个摊主打白条后拿走别人的东西。

人们也许会说，可以不收美国的白条啊，但不收也许就意味着它会"制裁"你。你还敢不收白条吗？这就是强者的天下。

有人说银行就是把老百姓挣到的钱交给富人去花。

其实，最不公平的是，老百姓一方面只能把钱存到银行，另一方面他们却很难得到贷款，这无形之中形成了一个惯性的社会致富的金融模式：银行把众多老百姓家庭的储蓄存款集中起来，供那些富人使用这些金融资源来创造更多的财富。

所以，有钱的人越来越有钱（用钱生钱），没钱的人越来越贫困（没钱没机会）。有人说，"借钱的是孙子，欠钱的是爷爷"。因为一个平头老百姓是没有资格、也没有办法大额借贷的。

虽然我们只是一个普通人，但是也应该力所能及地去贷款。比如买房，按照我们上面的分析，即贷到就是赚到。而且应该把还款期限尽可能地延长，因为这是我们用自己的信用换来的。

而那些三四线城市的人为什么会出现提着现金全款买房的现象

呢？这是因为他们太保守了，有了钱只会存银行，不做任何投资，已经与这个时代严重脱节了。

财富的本质无非是两个字："诚信"。水往低处流，但是财富永远都往高处走。哪个高处呢？当然是信用的高处。

哪里充满诚信，哪里就可以集聚财富，金融战争的本质无非是抢占全球信用的制高点。所以，这个世界最可怕的不是风动，而是心动。

在一个诚信破败的地方，财富必将溃散。国家、企业、平台、个人都将遵循这个基本逻辑。

而吸纳财富的最好办法就是不断给自己塑造诚信，使自己成为人心所向之地。

第三节

—/ Section /—

阶 层 流 通

改革开放之后，很多体制内的人"下海"经商，这批人都演变跃升为后来的富有阶层。

到了现在，很多人都认为中国的阶层固化了，然而真的是这样吗？

我们必须明白一个道理：只要一个社会的科技在进步，阶层流动的大门就一直不会关上。

尤其是以互联网和人工智能为代表的科技进步，不断地对世界进行洗牌，社会变革日新月异。

比如当下中国有一个很明显的变化就是"权力转移"。

原来需要政府机构单方面决策的事情,现在需要依靠网络征集意见;原来需要官媒第一时间发通告的新闻,现在更多地依靠自媒体和新媒体的通告;原来只有工商局才可以管理商户,随着电商平台的出现,诸如天猫、淘宝和京东等平台各自管理着其平台上的商户。

在一个权力大转移的年代,遍地都是机会。开放化、平台化是社会的大势所趋,未来将涌现越来越多的机会。

有人认为现在贫富差距越来越大,却忽略了一个事实,那就是富豪们的财富往往是按估值或者市值计算的,这些财富并不是实实在在的钱。比如马化腾、马云的财富有很大一部分都在股市里。

所以,这是财富最合理的状态:你拥有的并不是一捆捆的钞票,而是拥有支配资源的能力,然后需要让资源继续流向最有能力的人身上,才能实现财富增值,同时也成全了他人。所以腾讯、阿里巴巴要不断地收购和投资这些创新型企业。

互联网虽然造成了两极分化,但同时也加速了资源的流通。中国人的财富形式先后经历了:粮票(花钱的权利)—存款(现金数字)—房产(固定资产)—估值(虚拟财富)四个阶段。未来的财富形式一定是估值或市值,趋于虚拟和抽象。究其本质,是整个社会越来越共享化、公开化、公共化。

然而，问题来了，接下来的机会会在哪里呢？答案是："一定要做某个细分领域的第一。"请一定要记住这句话。

"宁为鸡头，不做凤尾。"传统中国社会的发展是粗放型的，眉毛胡子一把抓，大家都想做第一、都想做鸡头，可是社会上哪有那么多第一给你做？

但是现在不一样了，互联网时代更加注重协作，在信息高效对接的情况之下，人与人的协作效率越来越高，因此整个社会分工进一步细化。以前你的短处决定了你的水平和能力，所以我们都在拼命弥补自己的短板。而今后你的长处将决定你的水平，也就是说，每个人都需要挖掘自己某方面的潜能，专注自己擅长的某一领域，其他方面自然会有人来协助你。

要专注、专注、再专注。要充分认识自己，发掘自己，坚持做某个细分领域的第一名，哪怕是一个非常细小的领域，能做到了这一步，你就不再平凡。

所以我们每个人都有逆袭的机会，当下才是最好的时代。

未来，那些基于平台之上的小众兴趣、小众价值观、小众梦想、小众爱好都将被成全。过去受限于市场规模而不能成立的很多特色小生意，现在在平台就可以找到对应的客户；过去受限于信息成本而不能得到满足的那些个性化需求，现在在平台上也可以找到卖家了；过去只能将自己委身于公司的优秀个体，现在可以轻松地实现自我价值。这叫"百花齐放、百家争鸣"，是实现中国经济大繁荣的基础。

今后每一个人都是独立的经济体，个人的创造力将得到极大的释放。相反，那些资质平平的泛泛之辈，或者始终找不到定位的人，可能只能依附于组织的安排，在别人的领导下生存，必将沦为社会的底层。

—/ Section /—

触　　点

一、生活X.0时代

自从人类进入大机器化生产以来，我们常常把人分为生产者和消费者。

尽管人类的生产方式在不断升级，但这种称谓和定位显得多么的生硬，没有温度、没有温暖，这就是工业时代的特征。尽管有工业1.0、工业2.0、工业3.0和工业4.0，但这似乎仅与机器相关，跟人的关系不大。

只有当世界的重心从"工业"这一端转移到"人类"这一端的时候，人的价值才能彻底绽放，世界才开始变得有温度。

现在，以大数据、云计算为代表的新技术，正在实现这种乾坤大转移。"生活X.0时代"到来了。

人类要做的不是机器的傀儡，也不是产品的跟随者，而是生活的主导者。未来不再有生产者和消费者之分，我们都是生活者。

"生意"二字，以前的本质是"买卖"，未来的本质是"美好生活"。

"生活X.0时代"是海尔集团董事局主席张瑞敏提出来的。如何理解这几个字呢？张瑞敏强调，"X"至少代表了两个不确定性：

> 美好生活的定义是不确定的，每个人理解的美好生活是不一样的，你要的美好生活在别人看来未必就是美好的。

> 美好生活的价值是不确定的，今天是美好生活，明天未必还是。所以海尔强调要拥有终身用户，并根据用户需求的变化而持续迭代。

X.0代表了美好生活的个性化定制，为什么美好生活需要定制呢？

因为只有实现了个性化定制，才能解决社会的根本问题，定制化带来了多元化，生活因多元而美好。未来产品与产品之间、人与人之间不再有可比性，大家不再盲目攀比，比高、比大、比多……而是以满足自己的需求为标准。人的需求是多元化的，萝卜、青菜各有所爱，未来的产品也一定是多元化的，种类极大丰富，世界因不同而缤纷多彩，"一流的企业做标准"这句话也就不成立了。

与此同时，在未来，用户需要的不再是产品本身，而是通过产品带来的服务方案。产品经济终结，替代它的是服务经济，乃至一对一的服务。

未来的社会只有售后，没有销售；只有连接，没有营销；只有客服，没有中介。一切产业都是服务业，服务的意识必须从现在开始建立。

这也说明社会正在发生质的变化。人正在成为社会真正的中心。"以人为本"不再只是一句口号，而是正在变为现实。

就连德国"工业4.0"之父孔翰宁也终于醒悟了，他说德国的"工业4.0"应该往前推进一步，即"智能服务世界"，也就是应该以服务为本。

"生活X.0"的背后是生产模式的彻底升级。迄今为止，全世界的工业有三种模式。第一种是福特模式——流水线模式。第二种是丰田模式——产业链模式，丰田模式比福特模式高了一步，但是这两种模式在互联网时代显然都落伍了。第三种是海尔现在提出的全新的商业模式——生态圈模式。这个模式的重大意义在哪里呢？

在以前，虽然我们也曾提出"以人为本"，其实仍是以产品为本的，人围绕着产品在转。在比拼产品的时代，中国总是落后一大截，我们有"中国制造"，但很少有"世界名牌"。

而现在呢，我们直接从"中国制造"一下子跃升为"中国模式"。以前我们一直在跟德国、日本、美国比拼产品，现在不用了，我们不比产品而改为比拼平台了。海纳百川，有容乃大，有能力的都来吧。我们提供一切基础设施，这是非常高超的一步棋，直接"弯道超车"。这就是海尔生态圈模式的重大意义所在。

以前我们最敬重两样东西，一个叫经验，另一个叫权威。而现在看来，这两样东西最容易成为成功的阻碍和累赘。因为合伙人模式的出现正在打破这一切。

二、合伙人模式

"合伙人模式"是前两年我们提出来的一种商业模式，目的是要取代传统的雇佣制，以此来充分调动全民生产的积极性。

然而现在看来，这种模式的创新还不够彻底，为什么呢？

2016年获得诺贝尔奖的哈特提出"不完全契约理论"——不可能对每一个人都建立一个契约。

由于人们的有限理性、信息的不完全性及交易事项的不确定性，使得明晰所有的特殊权利的成本过高。所以，一个企业或组织想针对每一个个体拟定完全契约是不可能的。

也就是说，我们传统认为的责、权、利的划分真正要实现起来，其管理成本是很高的。所以，在契约中那些可预见、可实施的权利对资源配置并不是最重要的，最重要的应是应对那些始料未及的各种变化。

而我们提出的"合伙人模式"，采用的还是传统的"线性思维"，即一切都是连续性的、可预测的；然而未来的时代，越来越多的事情都是突变的、不可预测的。所以企业的寿命、产品生命周期、争夺的时间窗口都在以前所未有的速度缩短。

这就需要我们采用"断点思维"，而不是"线性思维"。

所以，海尔的"生活X.0"是基于率先进行的"人单合一"的模式变革。"人"指的是价值创造者；"单"指的是创造的用户价值；"合一"指的是创造者的价值与用户价值的合一。"人单合一"的基本含义是：每个价值的创造者不再直面组织或岗位，而是应直接面对用户，创造用户价值，让人因用户而存在，有

"单"才有"人"。

海尔为什么会提出这种模式？这里分享一段张瑞敏与此相关的文字：

"……南华寺被称为禅宗祖庭，禅宗六祖慧能在那里讲经37年，肉身还在那儿。我为什么刻意去一次呢？慧能这个人真的非常不得了，他不识字，但说的话非常有道理，有一句话叫'下下人有上上智，上上人有没意智。'就是说，底层的人有最高的智慧，身居高位的人可能没有智慧。我们的"人单合一"，就是给每个人创造一个机会。毛主席说过一句话，'卑贱者最聪明，高贵者最愚蠢。'不是说身居高位人就愚蠢，而是说智慧都在民间，都在底层，都在最基础的地方，能不能给他们创造的机会呢？"

"人单合一"模式体现的是人人生而平等，都是创业者，而不是领导、指令者、被执行者。这种方式就是最大限度地调动人的积极性，把自己的价值体现出来。

过去受限于市场规模不能立足的特色小生意，现在可以以生态圈模式找到精准客户；过去受限于信息障碍不能满足的个性化需求，现在能利用生态圈模式找到生产个体。

所以，未来发自内心对工作的热爱才是第一生产力，将有越来越多的爱好会变得实用，越来越多的兴趣会变得有价值。

未来商业的本质，如果用三个字概括，那就是"被需要"；如果用两个字概括，那就是"奉献"；如果用一个字概括，那就是"爱"。

我们所说的新零售，其本质是帮助社会建立一个全新的商品流通通道。现在看来，这种模式价值潜力很大，但是和"人"却是无关的。因为未来的商品流通通道一定是畅通无阻的，在这个通道里面只需要极少的人去维持秩序，乃至根本不需要人。

那么这些解放出来的"人"都去哪里了呢？

再来回顾一下人工智能，如果说2018年前机器人已经开始取代工厂里的蓝领，那么2018年人工智能将开始逐渐取代写字楼里的白领。这也产生了一个同样的问题：这些解放出来的人都去哪里了？

这就是海尔"人单合一"的价值所在，要让每个人成为创客，成为自己的CEO，成为一个价值创造者，而不仅仅是一个重复劳动者，也不仅仅是一个技能掌握者。

创造者的最大优势在于，他能让价值在自己身上放大，能创新，能创造，未来只有这样的人才能立于不败之地。

再进一步来讲，未来的社会，分工越来越完善，细分领域越来越多，纵向发展是人发挥价值的一大趋势，每个人都在自己的领域专注而努力，每个人创造的价值也都能被精准核算，人与人相互干涉的情况会越来越少，做好自己就是对世界最大的贡献。

以前我们注重的是生产效率，关注的是对有形空间的占有和使用效率；之后我们开始注重产品和服务的分配效率；而现在，我们将更加关注各种价值节点，即触点的分布。

传统时代，流通为王；互联网时代，流量为王；物联网时代，则一定是"触点"为王。

什么叫"触点"？以快递柜为例，它就是人和商品连接的触点；再以农村的水站为例，它就是工业品下行与农产品上行的连接点；物流车作为物流环节的最后一环，也是与用户交互的触点。每一个柜子、每一个站点、每一台车都是一个触点。

我们来看三个"海尔触点"的案例。

【案例1】在青岛黑龙江中路的青山绿水小区，27平方米的"乐家驿站"生意红火，与旁边300多平方米的社区超市的门可罗雀形成了鲜明对比。

原来这位29岁的广东客家小伙曾鸣，不但是"乐家驿站"站主，也是一位很有互联网思维的创业者。当传统便利店、超市还在等客上门的时候，曾鸣已经开始主动上门、用心服务了。

他的小店为用户提供无门槛送货上门，而且保证30分钟内送达。只要店里送出的产品有任何问题都可以秒退……该小区有1000多户业主，每家的业主是谁，小孩是谁，老人是谁，曾鸣都了如指掌。加入"乐家驿站"以来，他的店每个月通过快递、家电清洗、乐家特产等服务带来的增收达到四五千元。

【案例2】通过海尔"车小微"，南阳社群服务商孙合鑫仅1个月就完成了70单、合计26 000元的增值服务销售额，并且成交了十几单家电产品销售。

"把花在路上的时间缩短，把在用户家中的时间延长"。孙合鑫现在每月能获得近2万元收入，其中6000多元为配送、装机收入，8000多元为交互收益，3000多元为后续产生的生态收入。

海尔"车小微"通过用户和司机的直接联通，实时跟踪配送轨迹，全网评价对接到司机个人。

将触点深入到农村，是很多互联网企业想做而做不到的事情，但是海尔做到了。

【案例3】临沂兰陵长城镇的"小顺管家"李怀迎，建立了线上"根据地"，通过直播种地，火遍了四里八乡。他还建了一个135人的水站微信群，把专家请到群里给村民讲解科学施肥、病虫害预防等农技问题，开辟了村民了解新形势、获得农技知识的重要渠道，与此同时他还利用这种渠道为大家定制产品。

前不久，李怀迎的两名合作伙伴一出手就预订了"日日顺健康"平台专为农民定制的10吨优质化肥，然后通过微信群供应给当地农民。

这就是"触点"。那么海尔的"触点"有多少呢？中国的城市中有20万个社区，海尔初步的目标是先拿下10万个社区，以快递柜为突破口；农村有60万个自然村，海尔准备先拿下有影响力的10万个村，以水站为突破口；"车小微"作为物流的重要载体，海尔争取近期做到10万个。

这就是海尔的3个"10万"战略：在城市，以10万个"城市驿站"为触点；在农村，以10万个"农村水站"为触点；在城市与农村之间，以10万个"车小微"为触点。通过这30万个触点，将延展出无数个"连接"，通过这些"连接"，将和用户之间建立起一种非常紧密的联系，牵一发而动全身。

我们总是在强调"连接大于拥有"，更进一步来说是"触点大于连接"，建立连接的机会已经越来越多，但是只有"触点"才能引发价值交换。

第五节

—│ Section │—

共 享 经 济

共享经济兴起的背后，诠释了一个全新的世界发展动向。

未来的一切资产，包括有形的和无形的，被私人占有的资产会越来越少。

在计划经济时代，所有的东西都是共有的，我们都只有使用权。此时人与人的关系是共同劳动关系，属于同一个集体，因为牵扯不到利益关系，所以人与人之间互相信任。

而随着市场经济发展起来之后，出现了私有制和个人所有制，以"占有"物品为最终目的，很多东西的"所有权"被明确到个人。

于是，人与人的关系由共同劳动关系变成了直接竞争关系，于是出现了争夺和贫富的分化，世界也因此变得陌生和冷漠。

所以资源开始变得不均衡，出现贫富差距、城乡差距等，给社会划出了一道道巨大的鸿沟。

然而，物极必反，种种迹象表明，在互联网时代，不是"奇货可居"，而是"奇货可租"。

从共享产权房、公租房等措施的出台就可以发现，未来的新建房屋将有可能不再属于私人占有，更多的属于公有、共有。

马克思说："……一切矛盾都是因为资本家独占生产资料而引起。"他可能无法预想100多年后的世界，互联网正在改变这个局面。

在不久的将来，一件物品的所有权和使用权是分离的。未来，我们的交易，更多的是交易一件物品的使用权而不是所有权。

以房子为例，很多在奋斗阶段的年轻人，完全可以不用买房子了，因为未来的公租房会越来越多，而且公租房的价格是由政府管理的，也会更加合理，让老百姓都租得起。

即便是私有产权房的价格，现在也在逐步限价、限售，这说明未来的房价和租金一定会接受政府的监督和调节。

政府根据什么来调节呢？主要是根据整个社会财富总和（经济总量）来调节。所以，未来的房价不会再飙升，用共享经济来调节市场，就可以防止那些投机者哄抬市场，炒房者也不再有更多的利润空间。

未来经济一定是共享型的，共享型经济完全可以改进现有的生产关系。

在未来，各种各样的App，通过时间、地点等将物品的使用权分配到最需要它的地方，将资源利用率最大化，多余的资源将转化成为生产力，因此，几乎所有的产业都将会被共享经济所改变。

一件物品究竟属于谁并不重要，重要的是我们每个人都可以使用它。

共享经济发展到最后，未来社会上的每个人，都能够拥有社会上每一件物品的使用权。

未来，人们将挣脱所有权的束缚，将自己的创造力放到能够使价值最大化的层面上。

未来一定属于那些在技能、创作、服务上拥有一技之长的人，他们可以根据自己的兴趣所在，决定自己要成就一番怎样的事业，然后自由支配自己要在什么时间、什么场所，做什么样的事情。

传统社会束缚了人性，让很多人机械式地工作，而共享经济使人性有了回归的通道。

无论是从生活角度还是从经济角度，"人"追求的最高境界都是"自由"。共享经济解放出来很多"自由人"。大量的"自由人"和"消费者"聚集，让供求双方有更自由的选择。

所以在未来，一切资产都会变得更廉价，而唯一变得更昂贵的东西就是你的创造力。

大象无形

——中国的软实力输出

传统世界的运转逻辑

2018年是中国实行改革开放的第40年，从1978年到2018年的40年间，中国为世界制造出各式各样的产品，诸如服装、鞋子、玩具、家用电器、家具等，我们被称为"世界工厂"。

下一个40年，中国依然会高速发展，但我们需要思考的是，中国为世界的贡献难道还只是这些产品吗？

我们来看这样一个故事：

英国王妃在法国的隧道里发生了撞车事故，被撞的汽车是由荷兰工程师设计的德国轿车，司机是比利时人，事故原因是他喝了苏格兰出产的威士忌，酒后超速驾驶，整个车祸的经过被意大利的几名摄影记者跟踪拍下，摄影记者当时骑的是辆日本摩托车（由中国组装的），后来伤者经一美国医生进行了急救，使用的是巴西生产的药物。

从这个故事里涉及的产品很形象地为我们描绘了世界传统产业的结构：欧美的设计、日韩的元器件、中国的装配、资源国的原材料和能源等，销往全球（包括中国但不首发）；当然大家交易用的是美元，赚到的钱再去买美国国债，以防贬值。

这就是传统世界的运转逻辑。再来看下面这张图。

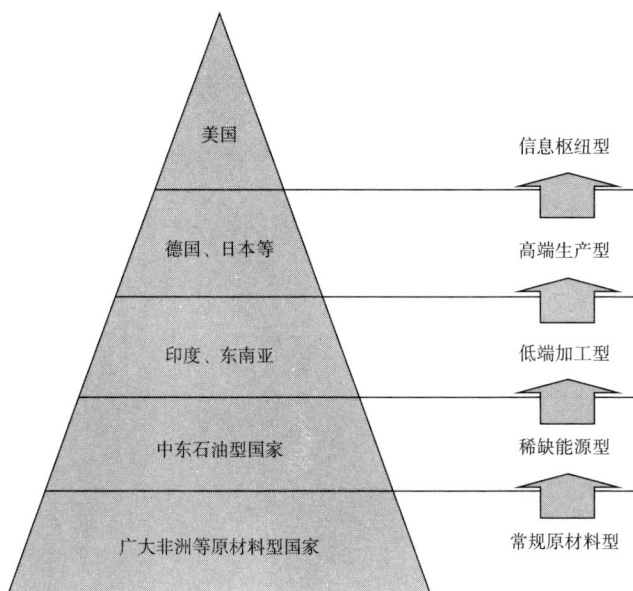

位于第五梯队（底层）的国家是常规原材料型国家，这些国家没有生产能力，但拥有非常充足的原材料，它们可以向生产型国家提供原材料。

位于第四梯队的国家是中东等稀缺能源型国家，这些国家天生就拥有石油等稀缺资源，可以源源不断地向世界提供必备的能源，它们依靠开发资源为生，产业结构单一，但是资金充足。

位于第三梯队的国家是印度、东南亚等低端加工型国家。这些国家劳动力比较廉价，生产成本很低，可以拿到全球生产订单，属于世界型加工工厂。中国就曾属于这个梯队。

位于第二梯队的国家是德国、日本等高端生产型国家。这些国家的工业体系发达而完善，拥有全球最先进的产品生产水平，可以制造出与时俱进的高端产品。

位于第一梯队的国家，美国是最传统的代表，其本身不做生产加工，依靠创新紧紧把握着全球最前沿的消费需求，并且把控全球的金融体系和信息产业，通过控制和分工稳坐全球"食物链"顶端。

中国曾经在生产制造环节为世界提供了大量的产品，而且中国人擅长打破高科技的垄断，把高科技产品卖成白菜价。发达国家掌握了各行业的源头顶尖技术，并紧紧地把持住，让世界沦为它们的工厂，它们则从中赚取巨额利润。而中国通过改革开放40年的努力，靠不断地创新碾碎了这些技术壁垒，生产出了一系列可以替代那些高科技的产品，让全世界的人们一起享受科技成果，这就是中国对世界的一大贡献。

中国的产品又好又便宜，因而全世界的人都来买中国的东西，于是发达国家只有给中国产品加税，才能保护本国产品利益，这也恰恰是中美经常发生贸易摩擦的原因之一。

尽管这样，从产业链角度来说，中国所在的位置也显得微不足道，因为中国所处的生产制造环节毕竟不是决定性的环节，也就是说，你不生产了，明天也会有别人来生产。

第二节

—— / Section / ——

从输出产品到输出模式

现在中国的发展已经使中国逐渐脱离了生产环节，越来越多地参与到宏观资源的配置环节中。

为何中国能有这样的机会呢？

首先，我们需要明白的一点是，当前世界的产业格局正在经历一个巨大的拐点，也就是从以前的"生产效率"为主导升级成为以"分配效率"为主导。

如何理解这句话呢？

比如，我们之前生产了很多自行车，现在我们最需要的已经不是自行车了，而是把自行车送到最需要它的地方去，如摩拜、ofo共享单车。

比如，我们之前有很多线下实体餐馆，现在我们最需要的已经不是各种餐馆，而是把饭菜按时送到每一个需要它的人手里，比如饿了么、美团外卖等平台。

这个世界还缺物质吗？不，物质匮乏的时代已经过去，我们已经处于产能严重过剩的时代。我们已经生产出了大量的产品，只是由于经济制度原因，这些产品无法送到最需要它的人手里而已。

所以说，当前世界最需要解决的不是"生产效率"问题，而是"分配效率"问题。记得中学政治课里曾经论述过20世纪二三十年代的资本主义经济问题，让很多人至今对书中列举的经济危机中西方国家的一个现象记忆犹新——资本家宁肯把牛奶倒掉，也不肯分给穷人喝。

记得当时无论政治老师怎样费心地讲解，我依然对此一知半解。

直到现在，我才逐渐悟出了其中真正的道理：在经济危机之下，能买得起牛奶的人越来越少，但是生产牛奶的能力没有降低，于是只有把牛奶倒掉，提高牛奶的稀缺程度，才可以提高牛奶的价格，从而维系自己的利润和收益。而如果把牛奶拿出来分给穷人，还需要额外付出诸如储存、运输等成本，与其如此不如直接倒掉……

所以，现在世界的问题已经不再是研究如何生产出更优质的牛奶的问题，而是要在把牛奶分配到最需要它的人手里去的同时，充分调动劳动者的劳动积极性，让劳动者和资本家双方形成良性互动，让世界更和谐地运转的问题。

中国能做的是什么呢？

那就是以互联网和各种新技术为基础，提供各种能使世界物质分配更加均衡合理的应用工具，进而开创出一种更加合理、健康、和谐的价值分配体系。

我们需要明白的是，正在发生的全球第四次科技革命分为两个阶段，第一个阶段是技术革命，这一阶段从美国开始兴起，所以中国最开始的门户网站、社交平台都是由创业者从硅谷COPY（复制）而来的，可以说是中国师从了美国。第二个阶段是应用革命，中国青出于蓝而胜于蓝，诞生了大量的新应用工具和平台，包括新社交工具、电商、直播平台、移动支付等，已经走在了世界前列。

第一个阶段是"US copied to China"（美国模式照搬到中国），

第二个阶段是"China copied to US"（中国模式照搬到美国）。曾经，我们只要把美国的互联网模式照搬过来就可以获取成功，而如今大量的中国互联网公司开始向海外反向输出商业模式。

因此，中国向海外输出的已经不再只是物美价廉的商品，而是各种应用模式，比如我们津津乐道的中国"新四大发明"——高铁、网购、共享单车和移动支付。这四大发明都深刻地改变了我们的出行方式、购物方式和生活方式。

第三节

———— / Section / ————

第一轮全球化开启

应用平台和工具存在的目的就是为了提高世界上产品的分配效率，而不再是帮助世界生产更多的产品。比如，我们的跨境电商打破了传统贸易壁垒，移动支付突破了传统金融的不平等，滴滴打车、共享单车、Airbnb（爱彼迎）等工具使物品的使用权和所有权相分离，提高了产品的使用效率等。总之，我们要把世界的每一件产品送到最需要它的人手里去，最大化地提高社会运转效率。

再比如，中国电子商务的高速发展，使得世界传统贸易结构也发生了微妙变化。中国未来将扮演信息大节点的角色，在互联网、大数据、云计算的综合作用下，中国可以组织一种全球性的大生产，也就是利用全球化协作的力量，让全球每一个角落的生产者生产他想要的产品，这种大生产模式必然会打破以美国为主导的传统全球产业链。

这就是中国的数字经济给世界经济带来的改变，只有这种形式上的变化，才能给世界带来更加深刻的影响，因为技术革命一定会推动商业革命，商业革命一定会引发经济结构革命，经济结构革命一定会反推制度革命。中国对世界的影响和贡献正在一步步加深。

中国的数字经济已经在世界上处于领先地位，和美国的"硬件+互联网"模式不同的是，中国的互联网革命更加彻底，实行的是"互联网+实体"的模式，即直接构建新的互联网渠道或平台取代传统商业路径，而不像美国是在传统的基础上更新。

在未来的大生产时代，分工会更加细化，协作效率会更高。

虽然很多外资工厂撤走了，很多传统工厂关门了，但一批崭新的企业"站"起来了，一些科技含量高的新兴企业正在崛起，形成了"倒闭潮"和"创新潮"并存的局面。

比如中国的"独角兽公司"（独角兽公司是指估值超过10亿美元的创业公司，主要出现在高科技、互联网领域）如雨后春笋般涌现，它们往往被视为新经济发展的一个重要风向标。

在美国著名创投研究机构CB Insights 2017年对外公布的"全球独角兽公司榜单"中，全球共214家企业上榜，中国占据55家，仅次于美国，中美两个国家垄断了80%以上的"独角兽公司"。值得一提的是，美国的创业公司所占的比重正在逐步减小，而且前三名中有两名在中国，分别为"滴滴出行"和"小米"。从增长空间上来说，中国极有可能在未来的3 ~ 5年内超过美国。

　　中国已经不再是那个依靠劳动力创造财富的国家，我们早已告别了低端加工（被剪羊毛）的时代，正在凭借先进的科技和互联网实力弯道超车，成为智能制造、人工智能、互联网、大数据等高端产业的聚集地。

第四节

——／ Section ／——

文 化 红 利

从人类历史发展的角度来看，国家与国家的竞争分为以下三大阶段。

第一阶段为资源的竞争，比如四大文明古国均发源于水资源丰富的地区。

第二阶段为制度的竞争，比如西方先确立了资本主义制度才爆发了工业革命。

第三阶段为文明的竞争，未来越先进的文明越能引领世界。

文化究竟指的是什么呢？我认为它应该包括人类创造的所有物质财富和精神财富。

中国人更加注重和谐的氛围，注重人与自然的统一，喜欢研究规律，依节律而动，这是一种"天人合一"的思维。

在为人方面，中国人更讲究克己奉公，讲究牺牲自我，克制自己的欲望，而不是以无限满足个人私欲为目的。

其实，中国诞生的各种崭新的应用工具或商业模式，很多都承载了中国人的价值主张，这些价值主张也属于中国文明的一部分。

的确，中国文明蕴含着一股天然的爆发力，因为它讲究的是礼让、谦和，是道法自然、天人合一、和而不同的一种文化，只有这种天人合一的思想，才能让世界进入可持续发展状态。

随着人口红利的消失、人力成本的增加，传统的制造工业已经满足不了中国社会结构的升级。但是我们应该看到，人口红利在消失的同时，中国的文化红利、制度红利却在悄然积聚着新的能量。

所以，在中国"一带一路"的倡议下，中国不仅仅需要向外输出产品和应用工具，更需要输出自己的文化和文明。借助"一带一路"的桥梁和纽带作用，往外输出的不仅仅是基建项目、高科技和商业模式，我们的文化、我们的制度、我们的理念等各种软实力也将随着各种载体而漂洋过海。

在彰显我们软实力的方面，国家已经开始着手布局，比如，根据十三届全国人大一次会议审议的国务院机构改革方案，国家旅游局将和文化部合并，组建文化和旅游部。此次国务院的机构改革，通过设立文化和旅游部让文化走出去，也使文化输出有了更具国际化的载体——旅游，旅游也将使文化的国际化传播具有更加强有力的抓手。

文化传播讲究的是潜移默化、寓教于乐，未来以旅游为载体的文化项目会越来越多，旅游已经成为促进文化开放和跨文化交流的大平台。在未来，拥有中华文化特色的IP玩家，有可能成为文旅融合后第一批走出去的玩家。文旅融合，文化是内容，旅游是场景，两者结合就是文旅运营。这表明文旅融合观念和文旅运营思维已成为国家层面的战略思维。

第五节

—— / Section / ——

中国应对全球挑战彰显领导力

全球经济体共同面对许多重要挑战，针对这些挑战中国看起来比美国更像一个全球领袖。这主要表现在以下三个方面。

首先，在经济方面，重要挑战是自2008年以来全球总需求不足。中国采取了三种方法进行应对：一是增加国内总需求；二是进一步全球化；三是借助"一带一路"倡议，推动人民币国际化。

其次，在技术方面，许多新技术正日渐成熟，其中包括人工智能、机器人、物联网、无人驾驶汽车、3D打印等。这些新进展既意味着"创造性破坏"，又意味着先行者在引入新企业、新行业和新岗位方面具有优势。

中国还投入资金支持政府认为具有战略意义的诸多领域，比如人工智能、航空航天等。事实上，中国将很快超过美国成为研发经费投入最多的国家。

再次，全球最大的中国高铁系统已经使从中国最南端到最北端的旅行时间由几天缩短为一天之内。这些交通工具有助于缩小地区间收入差距。

中国之所以在上述几个方面展现出了世界级的领导力，有以下三个原因。

第一，人口庞大，因而市场规模巨大，有能力吸引来自全球的优秀企业家、技术和资金。

第二，中国的政治和社会制度使得它能够比西方国家更快、更有效地做出决策并加以贯彻实施。

第三，在这个动荡的年代，全球（尤其是发展中国家）需要全球化日益深化，需要国内总需求被提振，也需要为新的工业革命和新一轮的基础设施建设调动各种资源。俄罗斯和中东国家等能源出口国已开始接受人民币进行能源贸易结算，而且越来越多的国家支持中国"一带一路"倡议和中国在大型基础设施项目的投资。

总之，至少现在，由于中国在经济、技术和社会方面展现出的领导力，不管你喜不喜欢，对于当前全球经济挑战，前景光明的中国方案看来一定会出现。

（以上内容节选自2018.2.13《参考消息》海外视角版）

第六节

科技革命引发世界格局改变

第一次工业革命发生在英国，英国与其邻国法国最早抓住了机遇，是最老牌的资本主义国家。

第二次工业革命中的美国和德国成了资本主义国家的后起之秀，同英、法老牌资本主义工业国家产生抗衡。西方资本主义国家之间的经济、政治发展不平衡，竞争激烈，帝国主义国家要求重新分割世界，于是导致了第一次和第二次世界大战的爆发。

第三次工业革命源于美国和苏联在航空航天、原子能、生物科技、计算机等领域的相互争霸，在冷战中相互制衡。

第四次工业革命就是当下，是以中美为首的两大国家在互联网、大数据、云计算、人工智能等技术方面的相互竞争与发展。

经过40年的改革开放，中国终于在国际舞台上展露头角。科技发展到一定程度，会越来越向人文靠拢，这恰恰使中国文化有了更大的发挥空间，中国的美好时代才刚刚开始。

中国文化一定会将世界"切换"到一个全新的"操作系统"，而设计和开发这个全新操作系统所用的语言，就是中国的传统文化，它将帮助世界建立起全新的规则和制度。

那么，未来那么多的中国人会走向哪里？

以中国人的创造力和智慧，必然会有一批中国人再次前往世界各地，帮助其他国家的人民开发和利用当地的资源，帮助他们搞建设和发展。

这也是为什么我们一直要加强"一带一路"建设的原因之一，我们要不断地向海外输出自己的新人才、新技术、新模式，中国有能力也有义务让世界步入更高阶的文明。

有不少人看到由于产业升级而带来的工厂关门就开始唉声叹气，这说明他们还没有看清世界的形势。中国不是不需要工厂了，而是历史把更大的重担交给了中国，在原来的传统世界的运转环节中，中国只是其中的一个环节，只负责生产性价比更高的东西，而现在，中国必须站在世界的最新格局和高度上思考问题。

这不仅要求中国承担更重大的历史责任，而且还要求我们每一个中国人都能放大自己的格局和视野，不能只停留在传统的秩序里。

历史的潮流滚滚而来，它不会因任何人的茫然徘徊而停滞不前，内心阴暗的人看什么都是悲观的，停留在过去的人也始终不愿意积极面对变化，这些人一定会被历史的大浪席卷，唯有清醒的人才能立足潮头。

这就像登山，高度越高空气越稀薄，越往后爬越累，爬得越高越孤独，但是我们看到的风景和享受的境界，却已截然不同。

6
CHAPTER

第六章

关于未来

第一节

/ Section /

全球 4.0 开启

一、马可·波罗与郑和下西洋

公元13世纪，著名的旅行家马可·波罗写了一本书《马可·波罗游记》（又名《马可·波罗行记》），书中描绘了当时中国发达的工商业、繁华热闹的集市、华美廉价的丝绸锦缎、价值连城的珠宝、宏伟壮观的都城、四通八达的交通、广为流通的纸币等。这在当时的欧洲引起了一场大骚动，无数欧洲的探险家跃跃欲试，想去东方寻找遍地黄金的大汉乐土。

公元14世纪，偏居在欧洲一角的两个沿海国家——葡萄牙和西班牙，受益于海洋带来的宽阔视野，按捺不住对美好世界的向往，掀起了一场航海运动，决定去东方探索新大陆。

经历一代航海家的努力，无数条新航线被开辟，贸易开始全球化，当然其中夹杂着原始的掠夺，但是无论如何，零碎的世界第一次被"连接"在了一起。

从此，世界的不同文明开始从对视走向碰撞乃至争斗，"开演"了一幕幕历史大剧。

有意思的是，历史有个基本规律：全世界的人经常会在同一个时间段，对同种性质的事物产生兴趣。

当欧洲的航海家不断地劝谏王室去做航海资助的时候，中国明朝的郑和向皇帝慷慨激昂地进谏："欲国家富强，不可置海洋于不顾。财富取之于海，危险亦来自于海上。"郑和的这段话，充分体现了当时的海权意识，这其实就是一种全球视野的开拓精神。

也就是说，当欧洲航海家面对海洋还没有跨出第一步的时候，那个被马可·波罗描述的东方繁荣古国，已经提前半个世纪派出了当时世界上声势最浩大的船队，而且七下西洋。

这就是著名的"郑和下西洋"，是中国古代规模最大、船只最多（240多艘）、海员最多（史料有明确记载的4次中人数都在27 000

人以上）、时间最长的海上航行。而后来西方的哥伦布、达·伽马、麦哲伦的航海人数分别在90 ~ 1500人、170人、265人。

从中可以看出，中国人在当时确实有了全球化的视野，但是，中国作为当时的世界中心，也恪守着传统的世界秩序，郑和下西洋的主要目的既不完全是为了开拓贸易，更不是为了掠夺资源。《明史·郑和传》对郑和下西洋有这样的记载："欲耀兵异域，示中国富强。"所以，下西洋的目的主要是展示国威，扩展朝贡贸易，加强同各邻国的联系。

中国是礼仪之邦，作为当时世界上最先进文明的代表，不可能主动去破坏当时的世界平衡，而是竭力去维持现有的世界秩序。

然而，随着西方人眼界的大开，以及文艺复兴运动的推动，再加上工业革命的强力配合，西方社会的生产力飞速进步，他们已经不满足于只做一个探路者、发现者，而是要做潮流的引导者。

郑和七下西洋之后，中国人的身影就在海洋上消失了，也在历史大潮中消失了。西方文明从此粉墨登场，西方国家也开始轮流争当主角，你方唱罢我登场。

二、四波全球化

航海时代大大促进了世界贸易，世界上的物资开始从海上运到最需要它们的地方，这形成了第一次全球化，也就是"全球化1.0时代"。葡萄牙和西班牙是这个时代的开拓者。

从此，割裂的世界被连接在了一起，每一个国家都不再只是独善其身，都需要在全球化的浪潮中重塑自我。

航海时代为工业革命打下了基础，工业革命的发生又促进了资本主义的产生，在资本原始积累时期，西方国家通过各种强制手段，如武装占领、海外移民、海盗式的掠夺、欺诈性的贸易、血腥的奴隶买卖等，把不发达国家和地区变成自己的商品市场、原料产地、投资场所，以及廉价劳动力和雇佣兵的来源地，于是世界又形成了一次野蛮的全球化，也就是殖民主义时代。这就是第二次全球化，即"全球化2.0时代"。这个时代使"大英帝国"成了全球主导者。

再后来，殖民主义的发展导致世界矛盾重重。分赃不均和帝国主义这两大问题分别导致世界爆发了两次世界大战。经过两次世界大战和美苏争霸，美国成为世界上唯一的超级大国，重新主导了全球产业链格局，占据了全球生态链的最高环节，这也意味着资本主义进入到了后期的寡头统治阶段。

美国主导的世界经济结构分为三个层级：资源国、生产国和消费国。在这类似于金字塔的三个层级里，资源国只负责奉献自己的资源，处在被压迫的底层，生产国负责产品的生产和贸易，而消费国只负责消费和制定标准。经济利益从底层向上输送，军事、政治和文化控制则从顶层向下输出。

比如苹果手机，它通过美国的设计、日韩的元器件、中国的生产装配、资源国的原材料和能源，销往全球（包括中国但不首发），与此同时美国还以全球通用货币美元作为载体，通过发行国债、投资等金融手段，变相地吸纳其他国家的财富，以维系自己全球唯一"消费国"的地位。

比如，对俄罗斯、中东、拉美国家来说，只要卖资源就可以了，用资源换到美元后，就可以买到想要的一切；对中国、东亚地区等国家来说，只要生产商品就可以了，用商品换到美元后，就可以买到原材料和想要的一切。

美国利用美元作为信用背书，让其他国家去购买美国国债。这些发行的国债又让换出去的美元重新回到了美国。结果大家辛苦赚到的美元，又刺激了美国的资本市场，然后美元再以资本的形式向海外输出，从而使美国操控着世界其他国家的各种产业。这样循环往复地生利，由此美国可以坐享其成。

这就是第三波全球化，即"全球化3.0时代"，美国是世界的霸主。

下游总是被上游环节剥削的这种产业结构不是双赢的，这也导致东方从属于西方、资源国从属于消费国等一系列的剥削效应的存在。

但这种全球化3.0的结构已经越来越无法维系下去了，为什么呢？

由于一环盘剥一环，所以社会经济成果总是先惠及和满足产业链顶端的富人和消费型国家，而处于产业链底端的穷人和资源型、生产型国家，只能得到一些"残羹冷炙"，并且这部分人的数量占世界总人口的绝大多数，因而就导致了社会总体消费能力的下降。没有了消费能力，世界仿佛一潭死水。

这就是一切经济危机的根源，也是全球化停滞和当今世界经济复苏乏力的根本原因。

当一个社会的总体消费能力下降时，政府必然会出台刺激经济的措施，比如，各国为了维系原有的运行机制，每当遇到经济危机，就会实行宽松的货币政策，企图刺激消费，提振需求，但这些都治标不治本，因为经济机制本身并没有改变。

如今，各种迹象已经反复证明了一件事，即全球经济已经遇到了一个奇点：美国这个"老火车头"再也带不动世界经济了。

当全世界的人们都在徘徊和期待时，第四波全球化顺势而来。

2013年，中国国家主席习近平出访中亚和东南亚期间，首次提出"丝绸之路经济带"和"21世纪海上丝绸之路"的倡议，这就是"一带一路"的顶层设计战略，在全世界引起了广泛关注。

这条长度超过7000千米、上下跨越2000多年的"长路"是东亚强盛文明的象征，彼时的中国引领着世界的潮流，西方各国元首及贵族曾一度以穿着用腓尼基红染过的中国丝绸、以家中陈列着中国瓷器为荣耀……所以直到现在中国人依然有难以释怀的"丝绸之路"情结。

丝绸之路是古代亚欧互通有无的商贸大道，也是东西方文化的桥梁。很多传奇故事都在这条道路上发生，除了张骞出使西域、班超投笔从戎之外，还有佛教东渡、玄奘西天取经等。

到了宋代以后，由于动乱，中国经济重心开始南移，从广州、杭州、泉州等地出发的海上航路日益发达，从南洋到阿拉伯海，甚至远至非洲东海岸，于是"海上丝绸之路"又被打通。

早在2000多年前，东起中国长安，西至欧洲罗马，一条古丝绸之路将这两端的命运紧密相连。

绵亘万里、延续千年的丝绸之路，使世界各国人民互通有无，无数人类文明的优秀成果在这里诞生。

如今，"一带一路"将再次联通人类文明的两端：一头是活跃的东亚经济圈，另一头是发达的欧洲经济圈。世界的两头一线贯穿。这也预示着，新的世界秩序和格局正在形成，"全球4.0时代"正在到来。

三、新世界秩序

那么，中国设计的新世界秩序是什么样的呢？

中国设计的新世界秩序的代表是"一带一路"、亚投行、自贸区、高铁技术援助等。其中，"一路一带"是"通路和桥梁"；亚投行是金融支持；自贸区是新规则的交易窗口；高铁技术可以帮助资源国进行资源优化和整合。

美国版的全球结构是自上而下的三个层级的金字塔结构。而中国版的全球结构是平等的、去中心化的结构，也就是说，资源提供国、生产和商品输出国、消费国三者是平等运行、运转的，三者各尽其才、各取所需。

比如，"一带一路"的沿线各国可以出资源、出劳动力，中国可以为它们投资、转让技术，帮助各国建工厂，然后生产的商品既可以给本国消费，繁荣本国经济，也可以出口给其他国家。获取的利益可以换取任何一个国家的技术。

再比如，对于沿线各国，各项规则的制定者可以是任意一个国家，只要其在某一领域足够见长，就可以把本国的规则融入大的规则中。

虽然人民币是主要的结算货币，但并不排斥其他成员国的货币，比如卢布、欧元，甚至美元，一揽子货币都可以成为结算货币，可以由双方国家自主约定。

当然，某些国家可以同时具备资源提供国、生产和商品输出国、消费国这三个角色。比如中国，既可以向其他国家提供稀土资源，又具备世界最大的商品生产能力，同时还拥有世界上最多的消费人群。

原中国驻印度尼西亚大使刘建超曾撰文指出："我们合作的重点是'五通'，即政策沟通、道路联通、贸易畅通、货币流通、民心相通。"

上善若水，水善利万物而不争。我们也可以认为"一带一路"是一种平台思维，而不是主角思维。主角思维是自己搭台自己唱戏，平台思维是搭建一个大家都可以来唱戏的舞台，它是一个大平台，是一种开放性的思路。

加入到这个大平台中来，遵守规则、求同存异、优势互补，然后去实现共享、共赢。这种思维更符合大势所趋。

人类迄今为止共经历了四波全球化，分别是前面提到的：

（1）航海时代（全球化1.0）；

（2）殖民时代（全球化2.0）；

（3）霸权时代（全球化3.0）；

（4）多极时代（全球化4.0）。

多极化、开放化、平台化就是第四轮全球化的重要特征，也是历史的大势所趋。

"一带一路"平台化，以及共赢的发展思路一经推出立刻受到沿线国家的热烈欢迎。

2013年10月，习主席对印度尼西亚（以下简称印尼）进行国事访问期间提出建设"21世纪海上丝绸之路"倡议。该倡议在印尼落地开花，促进了两国政策沟通、设施联通、贸易畅通、资金融通和民心相通，为中国和印尼双方带来了实实在在的利益。

印尼是"21世纪海上丝绸之路"的首倡之地，在"一带一路"涉及的六七十个国家里，东南亚是"一带一路"的重心所在，而印尼是东南亚最大的经济体（20国集团成员国），战略位置极其重要，是沟通亚洲和大洋洲、太平洋和印度洋的交通枢纽。

在继中国"一带一路"的倡议之后，印尼总统佐科·维多多也提出了"全球海洋支点"的战略，这与"一带一路"倡议遥相呼应。

历史是有轮回的，东南亚自古以来就是"海上丝绸之路"的重要枢纽，2000多年前的汉朝，中国和印尼就开始互通往来。到了明朝的郑和下西洋，每次都会到访印尼群岛，足迹遍及爪哇、苏门答腊、加里曼尼等地，双方互通有无，比如《红楼梦》里就有对爪哇奇珍异宝的精彩描绘，印尼的博物馆也陈列着大量中国瓷器。

现在，中国对印尼的投资也在不断加大，比如雅万高铁（雅加达—万隆高速铁路项目），采用中国技术、标准和装备，设计时速为每小时250～300千米。建成通车后，从雅加达至万隆的车程将由现在的3个多小时缩短为40分钟，这也标志着中国制造进一步打开了国际市场。

当然"一带一路"也会结合当地特点进行合作。比如，印尼经济建设主要采取PPP（公私合营）的模式，印尼的国家储蓄率低、融资成本高，印尼在标普的主权评级为BB+，由于略低于投资级评级，使其无法在国际市场上大规模融资。巨额的外部资金缺口是印尼政府最为关注的问题。在此背景下，中国银团给"一带一路"带了一个好头：在2015年的"APEC"会议上，中国和印尼同意把双方货币互换规模增加到200亿美元，这使得后续中国公司在投融资项目中获得了先机。

原中国驻印尼大使刘建超曾说："中国与印尼人口相加可达16亿，占全球人口约四分之一。再放眼'一带一路'的60多个国家，人口达到44亿，GDP规模超过21万亿美元，分别占世界的63%和29%，这样一个体量，足以重塑全新的产业结构，并带动世界进入新一轮全球化。"

在改革开放的40年里，中国为世界制造出各种各样的产品，如衣服、鞋子、玩具等，被定位为"世界工厂"。

在未来的日子里，我们将继续秉承改革开放的理念，中国给世界的带来的不再只是各种丰富的产品，而是能深刻影响人类、世界发展的文明体系。

协作、共享、开放是新一轮全球化的大势所趋。在世界未来的宏伟蓝图的设想方面，习近平主席在和平共处五项原则发表60周年纪念大会上的一段讲话很值得我们思考："我们应该把本国利益同各国共同利益结合起来，努力扩大各方共同利益的汇合点，不能这边搭台、那边拆台，要相互补台、好戏连台。要积极树立双赢、多赢、共赢的新理念，摒弃你输我赢、赢者通吃的旧思维。"

西方文明是起源于沿海的工商文明，充满了开拓、竞争和扩张意识。西方文明通过不断征讨，把世界硬性地带到一个统一的经济市场，但无法为世界建立一个和谐有序、可持续发展的系统。

而中华文明是发源于大陆的农耕文明，喜欢把人类、社会、自然和宇宙当成一个整体去研究，这种"天人合一"的理念，就更容易把世界的万物调和成和谐共存的关系。

中国自古就追求天下太平、世界大同。中华文明素有"苟日新，日日新，又日新"的创新精神、"和而不同"的多元共生理论，以及"修身，齐家，治国，平天下"的切实路径。

历史的发展也呈现出一定的周期性。现在的中国好像早晨八九点钟的太阳，中国的崛起不仅顺应了历史大潮，也会给全人类带来鼓舞和希望，注定将照亮人类的21世纪行程。

如今，我们终于看到了人类新文明的彼岸，一条充满阳光的大道正在我们面前铺开。

第二节

─┤ Section ├─

区块链与世界大同

人类社会发展的一切障碍，从某种意义上来说都是由于互不信任导致的，尤其是各种经济危机和金融危机。如果人类能够解决互相信任的问题，那么人类将会完成一次非常大的跨越，步入一个更高阶段的文明，而现在区块链的发展，已经逐渐为这个方向打下基础，人类正在进入"智能合约"时代。

人是善变的，人性尤其复杂，但数据却是不会撒谎的，区块链正在"引领"我们从个人信任、制度信任步入数据信任的时代。

一、区块链的价值在哪里

回顾历史，人类最早之所以能够战胜其他物种，很大程度上是因为语言的出现，让人类彼此有了协调和信任的工具，所以人类的经验、智慧才得以分享和传承，同时可以高效地协作，群聚而作，形成团队关系。

到了后来出现了国家、相关智能部门、货币等，而货币的本质其实可以说就是一种信用关系的交换。因此，信用和信任才是推动社会前进的根本动力。

有了信任，我们才可以放心地劳动和创造，生产的价值才会变成信用储存起来。为了彼此间的信任，我们需要给自己作背书，需要不断武装自己去赢得信任。

区块链技术的出现，将以数据为载体，将社会的信任成本降到最低。我们经常说的"去中心化"，其实这个世界最需要去中心化的就是信任中心。只有将信任中心去掉，建立起信任的连接网络，人类才有可能实现真正的自由和平等。

为什么区块链不可篡改？关键在于它是由不同的交易人在不同的计算机上记录的，称为分布式记账。

从横向来说，区块链数据是分布在众多计算机数据库中的，也就是"去中心化"的。比如，有100万人参与了交易，记录就会保存在全世界各地的100万台计算机中，想要修改是非常不容易的。

从纵向来说，数据是按照事件发生的时间顺序叠加记录在区块链中的，如果修改了前面的数据，后面的数据就对不上了，就像撒了一个谎后，需要无数个谎言来掩盖。

但是这就产生了巨大的数据需要储存，而且这种储存不是在某一处储存，必须在很多地方同时储存才安全，因此它需要很多存储器。

以比特币为例，在比特币的世界里，大约每10分钟会记录一个数据块，所有的"挖矿"计算机都在尝试打包这个数据块并提交，而最终成功生成这个数据块的人，就可以得到一笔比特币报酬。

因此，所谓的"挖矿"，其实就是帮助世界建立存储器，用以储存这个世界的运行数据。

互联网是用来传递信息的，而区块链则是用来传递价值的。也可以这样理解，人类正在从信息互联网过渡到价值互联网的伟大时代。

二、互联网真的是在去中心化吗

如果从数据的角度去考量，互联网其实是在加剧世界的中心化。想想看，现在的互联网格局已经被巨头垄断了，大家高频使用的网站或者App，几乎都被纳入了"BAT"（百度、阿里巴巴、腾讯）的版图，美国是谷歌（Google）、Facebook和亚马逊（Amazon），整个世界的大数据最后都掌握在了这些公司手里。

这就是互联网的高度中心化，这个阶段的用户利益总是很容易被侵犯的。互联网公司掌握了这些大数据之后，就会轻而易举地判断我们的行踪，然后推送匹配的产品给我们，让我们渐渐失去了独立思考的能力，或者失去了更大的选择空间。

在互联网时代，有很多东西明明是我们自己创造的，却在不断地被少数人操纵而获取利益，比如数据。

正如有人所说，为什么现在用户创造的数据却不属于用户？很简单，因为你的数据储存在别人的服务器上，你的数据"寄人篱下"，"宿主"能不能给你自由的权利，这完全依赖于"宿主"是否仁慈。

数据不能脱离服务器，而服务器的私有属性本质上决定了数据的最终控制权将属于服务器的控制者，也决定了数据很难被自由地流动和迁移。

服务器是私有的，所以互联网的现状就极像资本主义的本质，不可避免地将走向寡头垄断。

但在未来，区块链完全可以把数据还原给你自己。

区块链作为历史上第一个真正的公有计算平台，有望实现数据、计算和存储的"共产主义"。所有的个人隐私数据，均可以通过用户自己来拥有，并在需要的时候有限地授权给第三方使用。

区块链的技术恰恰是去中心化的，哪怕你是拥有"宇宙级"权力的政府，也没有能力修改无数区块中的记录，因为只有修改超过全网络51％的节点数据，才能够伪造或者篡改数据，要修改的数据实在是太多太多了，以现有最快的计算机来说，修改一项交易也要花上非常多的时间。

也许有一天，区块链技术会用于我们的身份认证，从出生到死亡，点点滴滴、日日夜夜，区块链的记录将伴随着我们的一生。

我们每一个人每天到过哪里，做过什么好事，干过什么坏事，见过什么人，买过什么东西，都会记录得清清楚楚、一目了然。

这个世界的坏人也许会越来越少，因为一个人被区块链记录的坏事越多，信用就越低，数字货币的使用范围就越小，最终将无地自容、寸步难行。

三、区块链如何实现公平和公正

在资本主义的经济制度下，员工创造价值，但却拿不到全部价值，因为资本家总要榨取剩余价值。

剩余价值的理论在当时没有找到合理的解决方案，究其根本，是因为在当时的科技条件下，劳动者创造的价值没办法被精准核算。到最后，人们创造的价值都由资本家说了算，资本家先得到所有价值，然后再去分配，也就是说，资本家是价值计算的核心，所以，必须有一个去中心化的过程，才能让劳动者的价值和劳动等同起来。

现在有了区块链，我们所有的劳动价值都变得可以计量、不可篡改、必须公示，管理者也是劳动者的一份子，也可以拿到自己应得的那份报酬，这才是真正的去中心化，非常能体现公平、公正的原则。

所以说传统公司的组织形式和价值分配结构都将会发生历史性的改变。公平、公开是区块链最根本的精神，它不是让我们没有私欲，而是让我们更加努力地创造价值，这样才能调动所有人的积极性。

未来的社会，劳动者、管理者、投资者都是平等的，每一个人都是价值的创造者。所有创造价值者都可以获得相应的报酬，这也是人类的信任机制升级的过程。未来每一个人作为价值创造者，自己创造的价值都将被精准记录，并得到相应的回报，大家互相干涉的情形也会越来越少，人类正在真正走向独立与平等，这也是区块链的历史使命。

区块链才是真正的"去中心化"。就像马克思描述的那样，未来是一个高度发展、按需分配的社会。一切都是由数据自由匹配的，再也没有集中的权力去调控。

我相信，未来的世界一定能实现大同。

第三节

—| Section |—

人类的临界点

如果审视一下我们人类诞生后的上百万年、上万年，以及近五千年的历史，不难发现目前人类正在接近一个重大的"临界点"。

在这个临界点来临之前，人类曾先后经历过许多拐点，比如文字的出现、铁器的使用、火的运用等，每到一个拐点生产力都会有很大的进步，社会关系也会相应调整。

矛盾是推动一切事物进步的根本力量，历史也不例外。每次拐点的到来，都会解决一部分原有的矛盾，但同时也会带来一部分新的矛盾。

第一次工业革命使人类步入大机器生产时代，而资本家为了追求利润，一方面不断地创新（努力地发明和创造），另一方面不断地压迫另一个阶级，即工人阶级，这就是资本主义社会的生产关系。

不断地追求利润是推动资本主义社会前进的最大动力，并推动了发明和创新，从而引发了第二次工业革命、第三次工业革命。人类在这200年间创造的财富远远大于之前几千年创造财富的总和。

那么问题来了：在这种生产关系之下，人类面临的矛盾会是什么？下一个出口在哪里？如果反思一下资本主义的进程，我们应该从它的发生开始说起，那就是文艺复兴。

工业革命之所以发生，与文艺复兴和启蒙运动是分不开的，两者引发的"人文主义"思潮，肯定了人的力量，让人类坚信人可以改变一切。正如莎士比亚的名言"人是万物的精华、宇宙的灵长。"这句话就出自文艺复兴时期，文艺复兴鼓励人们用发明和创造去改造自然，创造美好生活。

不过，"人文主义"确切地说应该叫"唯人主义"。文艺复兴反对基督教的禁锢人性，但文艺复兴发展到后期，过分强调人的价值，步入到另一个极端，就是反对自我克制。这就在一定程度上淡化了人们的道德意识，放纵了人性，导致个人主义的极端化。

在个人主义的推动下，人们私欲膨胀，热衷于物质享受和奢靡之风，为了满足自己的欲望开始不择手段。这种以"个人主义"为核心的主体思潮，既是近代社会发展的动力，也是今天人们的精神危机、生态危机的起源。

所以，文艺复兴通过"复活"古希腊和罗马的精神文化，创造出一种主动、创新、积极的社会氛围，不失为一场伟大的思想解放运动，但是依然有其糟粕。

值得一提的是，中国传统思想跟西方文艺复兴时期的思潮相比，最大的区别在于，中国人更注重整体的和谐，不会过于强调个人。比如老子的"人法地，地法天，天法道，道法自然"的理念，注重人和自然的和谐。

历史学家阿诺德·汤因比这样指出，工业革命爆发以来，人类成了地球上"第一个有能力摧毁生物圈的物种"。也就是说，人类已进入一个以单一经济增长为核心、市场对社会的恣意操纵、富人对消费引领的惯性运转状态。

而目前唯一能使人类有所反思的就是因破坏大自然而遭到的惩罚。大自然被恶化这个问题，如雾霾就让我们深受其害。

另外，能源的枯竭也在日益困扰着我们。在新能源开发方面，其实就是生产力发展的速度在与因生产力发展而产生的自然恶化的速度赛跑。

所以说，在这条由西方资本主义国家引领的工业化大道上，人类越走越快，但也越走越胆寒，每当这个时候就需要有人停下来反思一下。

第四节

—| Section |—

软实力的 60 个体现

一、个人篇

1. 对于每个中国人来说，传统奋斗的五大关键词——背景、学历、资源、人脉、资历；今后奋斗的五大关键词——知识、创新、独立、个性、理想。以前是"学好数理化，不如有个好爸爸"，现在是"有个好爸爸，不如自己有文化"，中国的"新知识分子"将重登历史舞台。

2. 中国一大批有"匠心"的人的社会地位将获得提升，诸如那些脚踏实地的工匠、程序员、设计师、编剧、作家、艺术家等。因为互联网已经把社会的框架搭建完成，剩下的就是灵魂填充，所以即便是在普通岗位工作的人们，他们的社会地位也将获得提升，获得尊重。

3. 以前，资源是一个人最大的财富；未来，信用才是一个人最大的财富。人与人之间的信任程度决定着一个社会的运转效率。在大数据的推动之下，未来规范人们行为的不再仅仅是法律，还有信用。"水往低处流，财往高处走"，信用值越高的地方越容易聚财，失信者将寸步难行，同时，懂得自律的人最先得到自由。

4. 这是一个机会和选择都看起来更多的时代，所以比善于选择更重要的是善于舍弃，真正的高手都具备一种深思熟虑后做出选择的战略能力。

5. 以前，我们的对手总是在身边或同行里"冒"出来，未来是跨界打劫、迅速迭代的时代，竞争变成了社会化的大竞争，你永远不知道你的对手在什么时刻、从什么方向"冒"出来。你唯一能做的就是居安思危、时刻准备着。

6. 以前，社会上的大部分人都过着朝九晚五的生活，未来的工作形态将越来越短平快，支付报酬越来越直接与结果挂钩，所以独立的人会越来越多。这些人更善于迎接各种变化和挑战，无论到哪儿都能很快找到自己的位置，和大家协作共事，当然也能独当一面，这就是一个人的兼容性。未来没有稳定的工作，只有稳定的能力，真正的能力是你到哪里都有饭吃。

7. 未来社会，男性和女性的分工会越来越模糊，男性和女性的性格差异也会越来越小，很多女性可以独当一面，很多男性也可以做细腻的工作。

8. 未来互联网平台最大的价值空间在哪里呢？那就是能给大家赋能。

9. 中国正在兴起大量自由职业者，社会的基本结构从"公司+员工"，变成了"平台+个人"。每个人都将冲破传统枷锁的束缚，获得重生的机会，关键就看你是否激发出了自身潜在的能量。

10. 未来的社会，分工越来越完善，细分领域越来越多，纵向发展是人发挥价值的一大趋势，每个人都在自己的领域专注而努力，人会越来越孤独，每个人创造的价值也都能被精准核算。人与人互相干涉的情况会越来越少，大家不必恶语相向，做好自己就是对世界最大的回报。

11. 未来的社会，人与人之间会有一定的界限感，最好的关系是欣赏彼此的长处，懂得对方的不容易，互相欣赏和关注。守住自己的界限，不侵犯他人的界限，大家彼此独立。

12. 未来不会再有"贫困人口"，但会产生大量的"无用人口"。因为在人工智能时代，只启动哪怕20%的人，社会就可以良好运转。

13. 比能赚钱更重要的是让自己值钱。人人都在赚钱，但不是人人都值钱。赚钱是外在的短期行为，个人价值的提升却是内在的长期结果。学会"赚钱"只是第一步，让自己"值钱"才是一个人真正的价值体现。在个体崛起的时代，一定要注意积累自己的个人品牌、信用及影响力。未来最好的投资是自我投资。

14. 热爱才是第一生产力。你的热爱和兴趣决定了你所处的社会位置。未来，会有越来越多的"爱好"变得实用，越来越多的兴趣变得有价值。过去受限于市场规模不能成立的特色小生意，现在可以利用互联网找到精准客户；过去受限于信息障碍不能满足的个性化需求，也能利用互联网找到生产个体。

15. 传统社会最敬重的有两样东西，一个是经验，另一个是权威。而在未来的流动社会里，这两样东西最容易成为成功的阻碍。轻装上阵、一无所有反而更容易成功，所有的优势随时都可能会转化成劣势，所有的劣势也很容易成为优势，所以我们必须时刻都有一种"归零"的心态。

16. 劳动力阶层面临一场空前的危机，工厂里的蓝领正在被机器人所取代，写字楼里的白领正在被人工智能所取代。未来只有一种人能够生存，那就是价值创造者。千万不要让自己成为一个重复劳动者，也不要只拥有一种技能，要让价值在自己身上放大，要敢于创新、能创造，才能立于不败之地。

17. 未来可以分为三种格局，即做事—做势—做局。初级格局是做事，靠人和工具；中级格局是做势，靠管理和规则；高级格局是做局，靠系统和制度。

18. 从现在开始，你要认清自己所处的人类历程的位置、经济周期的节点、行业变化趋势，在此基础上，再考虑自己的能力、努力和天分、机遇等因素。天时、地利、人和这三大因素中，天时最重要。

19. 传统的金融，以银行抵押模式为主，服务的是大中型企业，用穷人的钱补贴富人。未来的金融，是建立在大数据和信用上的普惠支持，服务的是大量有价值的小微企业或个体。这就更好地顺应了个体崛起的大势所趋。

20. 以前是"占有大于一切"，未来是"连接大于拥有"，最重要的不是你拥有了多少有形资源，而是你能配置和影响多少资源。衡量一个人的能量，就看他可以随时和多少人建立连接——万物皆不为我所有，但万物皆为我所用。

21. 传统社会的核心财富是产品，而未来社会的核心财富是数据。谁连接了消费者的需求，谁掌握了消费数据，谁就可以制定新规则。

22. 法治的最高境界是德治，德治的最高境界是无治。什么是无治？即依靠利益关联进行互相制衡。在互联网时代，每个人都与外界有无数个连接点，依靠这些连接点，每个人都将直接绑定自己的行为，贪婪、懒惰、无知作为人性的负面，都将被自然克制。

23. 传统的发展路径是关注人们征服自然的进度和力度，追求的是人类单方面的物质增长。未来的社会发展思路是让人类与自然、人类与资源等协作发展，我们在构建一个命运共同体，这才是人类的可持续发展战略。

24. 以前，现金流不如利润率重要；未来，现金流远比利润率重要。传统商业盈利的逻辑是赚差价，产品经过各个环节，每个环节都会加价然后再卖出，所以盈利模式是层层加价的模式。这是一种侵吞关系，你的上下游环节究竟盈利多少你是不知道的。而未来，由于互联网的共有性和连接性，消费者有机会直接与各种品牌方接触，于是越来越多的消费者能够直接付钱给品牌方（生产方），这就导致现金只是从各种渠道方和服务方经过了一下而已。

25. 传统的教育是一刀切、标准化、单向填鸭式的应试教育，这无形中磨灭了很多孩子的天赋。随着人们的觉醒，未来的教育将更加体现出因材施教、双向互动化的网络化教育。未来你的大脑能容纳多少知识要点真的不再重要了，因为人工智能，计算机的知识能让你随时取用，最重要的是你的融会贯通的能力，由一滴水看见大海，由一粒沙而感知世界，让学生从认知走向自信。

26. 所谓"一流的企业做标准"这句话将不再成立，这是大工业时代的逻辑，所有产品都被整齐划一地生产出来，标准的制定者可以坐享其成。未来所有的标准只有一个，那就是能否满足消费者的需求。而消费者的需求一定是个性化、多元化的，它对企业有两方面比较高的要求：第一是提供定制化的能力（科技），第二是对接消费者的能力（互联网）。

27. "雇佣"时代已经彻底过去了，"合伙人"时代已到来。无论你愿意出多少钱，你都很难雇到一个优秀的人才，除非你跟他合伙。大胆、大度地把股份转让出去吧！海纳百川，有容乃大。

28. 中国电子商务进化论：B2B—B2C—C2C—C2B—C2F，即从商家对商家、商家对个人、个人对个人到个人对商家，最终是个人对工厂。未来每一件产品，在生产之前就知道它的顾客是谁。个性化时代到来，乃至跨国生产和定制，将彻底打破以美国为主导的全球产业链和贸易结构。

29. 中国互联网的进化论路径：传统互联网—移动互联网—物联网。传统互联网就是PC互联网，它解决了信息对称；移动互联网解决了效率对接；物联网需要解决万物互联——数据自由共享、价值按需分配。各尽其才、各取所需，让每一个人都能找到与之相关联的人，然后进行各种合作。

30. 互联网改变世界的方式，正在从"信息"革命升级到"效率"革命。上一个30年，世界诞生了很多的互联网企业，都是以"信息分享"为价值的，比如Facebook、谷歌、腾讯、百度、阿里巴巴等；但是眼下我们更需要真正解决世界物质的分配问题，需要把物品置于最需要它的位置，或者分配给最需要它的人。因此，未来的30年，将诞生一大批垂直的应用型软件或平台，能够更好地分配世界的物质资源，解决产能过剩的问题，创造更加普世的价值。

31. 中国媒体的进化路径：传统媒体—新媒体—自媒体—信息流。媒体正在由集中走向发散，由统一走向制衡。自媒体的兴起将对传统媒体形成有益的补充，它将使中国的话语权开始裂变，而未来人人都是一个自媒体，信息流的产生将使媒体消亡。

32. 中国营销业态的进化论方式，即媒介为王—技术为王—内容为王—产品为王。传统广告总是依靠媒介的力量去影响人，比如央视的招投标。后来的互联网广告开始依靠技术实现精准投放，比如按区域、按收入、按时段投放。再后来的社交媒体的崛起使好的广告能自发传播，而未来最好的广告一定是产品本身，最好的产品也一定具备广告效应。

33. 中国商业的盈利方式先后经历了暴利时代—薄利时代—厚利时代三个阶段。暴利时代存在于改革开放初期，当时产品紧缺，需求激增，而且信息不对称；随着电子商务的兴起，产能过剩，导致商家恶性竞争，开始打价格战、促销战，于是进入到了薄利阶段；而今后的产品开始走个性化、定制化和个体化路线，产品的增值空间被打开，从而步入厚利阶段。

34. 未来的一切内容都将开放化，版权效益将进入增值模式，而不是出售模式。所谓的内容为王，其实就是一切中介、渠道都会被边缘化。平台作为基础设施也可以被取代，只有价值创造者才是永恒的。

35. 做生意，以前的本质是"买卖"，未来的本质是"生活的意义"，未来不再有消费者，我们都是生活者。未来商业的本质，如果用三个字概括，那就是"被需要"；如果用两个字概括，那就是"奉献"；如果用一个字概括，那就是"爱"。

二、国家篇

36. 中国的产业结构可以总结为：一维的传统产业—二维的互联网产业—三维的智能科技产业。一维世界正在推倒重建（实体经济的重组），二维世界已被划分完毕（BAT掌控），三维世界正在形成。高维挑战低维总有优势，降维打击几乎是必胜的，所以网店可以"冲击"实体店，而微信的对手一定会在智能领域诞生，真正的好戏还在后头。

37. 中国当下的企业分为三个等级：三等企业做服务；二等企业做产品；一等企业做平台。企业的出路唯有升级为平台化，平台化的本质就是给创造者提供创造价值的机会，把自己变成一个价值创造的平台。未来所有的公司、企业、组织都将平台化。

38. 原来中国的基本细胞是"企业"。社会上的每个"需求"和"供给"往往都是由企业到企业来完成的，而今后中国的基本细胞是"个人"。供需双方很多都在个体化，中国的社会结构将越来越精密细致。可以做一个这样的比喻：如果把中国经济比作血液循环，那么今后它的毛细血管会更加丰富，输送和供氧能力会更加强大。

39. 原来的企业是横向发展，越做越大，涉及面越来越宽，因此企业越做越容易形成"同质化竞争"。今后的企业应该是纵向发展，越做越精，挖掘深度越来越深。这种变化将使行业越来越垂直、协作越来越完善。于是社会越来越细分，结构越来越周密，企业与企业之间、行业与行业之间的独立性越来越强，"差异化共存"成为商业主流。

40. 中国的一线或新一线城市正在分层。老城区居民主要是本地"土著"，正在逐渐衰老；新城区居民作为城市新贵，是新兴力量的代表者；城乡结合区则以外来务工人员为主。与此同时，城市的富人区、租赁区也将越来越明朗。

41. 城市的"单中心"化正在被"多中心"化所取代。以前一个城市的人会觉得逛街就要去某某商业繁华大街，所以那里寸土寸金。未来城市将出现多个区域的中心，多个中心交相辉映才是最好的发展势态，这将势必改变传统的房价格局。

42. 中国城市格局正在改写。"北、上、广、深"正在变成"北、上、深、杭"。传统贸易的衰落将广州拉下马，跨境电商的兴起将杭州扶上位，未来中国的城市格局应该是"北京的权力调控+上海的金融运作+深圳的智能科技+杭州的电子商务"。

43. 中国经济的增长动力先后是"权力驱动"—"市场驱动"—"需求驱动"。最开始的改革开放由政府引导，所以权力发挥作用很重要；后来逐渐转换成了市场主导，但是导致无序化竞争，出现了产能过剩；今后一切生产都以消费者的需求为出发点，以创造价值为目标。

44. 中国经济模式的进化路径：计划经济—市场经济—共享经济—共产经济。在"计划经济"阶段，中国实行"按计划生产，按计划消费"；后来开始发展"市场经济"，中国开始"按市场生产，按利润分配"；而今后我们将以消费者的需求为出发点，开始遵守"按消费生产，按价值分配"的原则；未来的中国一定会实现"按需求生产，按需求分配"，创造无限接近需求。

45. 中国商业本质正在从"物以类聚"切换到"人以群分"。原来社会结构按"物品"归类，未来社会按"人群"归类。相同爱好、相同志向的人很容易汇聚到一起。

46. 中国商家和消费者的关系可以分为三个阶段，即买卖关系、服务关系和共生关系。以前买和卖是商业的基本逻辑，核心是"产品"，于是有了差价和利润；后来以满足消费者一切需求为基本逻辑，核心是"服务"，产品要虚拟化、增值化；未来商家和消费者的界限会越来越模糊，每个消费者都将成为一名生产者，价值共享。

47. 中国互联网衍生出了三大新兴的经济形式，即个体经济、共享经济和零工经济。"个体经济"体现为自由职业者大量兴起，象征着自由；"共享经济"是人们开始分享自己的资源，体现出资源共享；"零工经济"是人们利用互联网和移动技术快速匹配供需方，它象征着多样化。这三大新模式不断地蚕食主流的商业模式，正在诞生新的商业文明。

48. 中国经济正在先裂变后聚变。裂变指的是企业和组织大量断裂，很多自由职业者被释放，而同时这些自由个体又在不断地进行重组，共同完成某个项目，他们挥之则来、来则能战，灵活、独立又可高度协作。可以肯定的是，无论是裂变还是聚变，都可以释放很大的能量。

49. 随着中国经济重心进一步南移，粤港澳大湾区作为区域协同发展的先行者，有可能在中国下一轮增长中占据举足轻重的地位。南方地区将以工商业为主，北方地区将以劳动力和资源输出为主，这有利于中国产业结构的分层，进入区域协同发展阶段。

50. 今后将无差价可赚。由于传统社会的信息不对称，造成了"供给"和"需求"始终是错位的，因此出现了一批商人去对接，并从中谋利。而互联网搭建起的商业基础会越来越完善，今后供需双方可以随时精准连接。所有的中间环节都没有了，赚差价的逻辑也就不存在了。"经商"一词需要重新定义，传统思维彻底落伍了。

51. 中国商业角逐的核心先后经历了地段—流量—"粉丝"三个阶段，房地产经营的就是地段，传统互联网经营的就是流量，自媒体经营的是"粉丝"。以前是没有调查就没有发言权，今后是没有"粉丝"就没有发言权。未来就是"影响力"和"号召力"之争，"核心粉丝"的瞬间联动是未来商业的"引力波"。

52. 中国的互联网平台正由"跨界互联"迈向"兼并垄断"。平台一旦垄断市场就会自己制定这个行业的规则，就将书写新的秩序格局。虽然创新的机会越来越少，但合作过程中会产生聚变效应，将使一大部分人受益。

53. 中国精神文明的红利期正在到来。传统的物质文明进展步伐已经开始放慢，因为工业化已经将社会各项硬性设施布局完善，物质的野蛮增长期已经过去，而互联网又已经把所有的连接搭建完毕，柔性内容开始迅猛增长，新文化行业将是一个增长点。

54. 传统社会注重的是生产效率，关注的是对有形空间的占有和使用效率；未来社会注重的是分配效率，关注的是价值节点的分布与连接。我们已经生产出来太多的产品，乃至进入了产能过剩的时代，未来最重要的不是你能生产什么，而是你能不能把最合适的东西送到最合适的人手中，使社会资源精准匹配、各归其位，这也是未来创业应该遵循的基本逻辑。

55. 世界的本质无非就是一个大循环，它包含四股流体，即线上的货币流、信息流；线下的产品流、人群流。首先，我们要学会看大势，要把每一股流体的方向和趋势看透。然后踩准节点，每一股流体都有N个节点，这就如人体有奇经八脉、关键穴位是一样的，商业的本质无非就是给世界"把把脉、点点穴"。

56. 中国人的财富形式先后经历了票据（花钱的权利）—存款（现金数字）—房产（固定资产）—估值（虚拟财富）四个阶段，未来的财富形式一定是估值或市值，趋于虚拟和抽象，只是一个数字。即你拥有多少财富，并不代表你就可以随便动用这些财富，而是代表你有支配这些财富的权利，财富多少意味着调动资源的大小。究其本质，是整个社会越来越共享化、公开化、公共化。

57. 中国未来将建立起一个伟大的"超级互联网公司"，将BAT收入囊中，通过高效协作和行业细分来优化配置社会的各种资源，包括各种大大小小的、边边角角的零部件，不浪费一颗螺钉、不放弃一个灵魂，将整个社会带入价值创造和吸收的大循环。这家"超级公司"的股东就是人民，CEO是政府，员工是公务员。

三、未来篇

58. 世界经济的发展永远都是两股势力的交融：金融和实体、线上和线下。两股势力一边交合一边延展，类似于DNA螺旋式延展，你上我下，或者我下你上；当下就是实体正在上位的时刻。所以现在的线上产业（电子商务、互联网）都跑到了线下（实体店、商场）去抢占地盘，"互联网+"变成了"+互联网"。所谓的新金融、新零售、新制造无非就是这个意思。

59. 未来线上的一切都是免费的，包括文章、书籍、视频、电影、音乐等，所有的创造者都会无私地分享自己的作品，所有的生产者都有机会展示自己的产品；未来线下的一切都是收费的，如影院、餐厅、演唱会、见面会等。究其本质，线上资源在公开化、共享化，而线下的场景和体验才是消费的重点。

60. 人类社会的发展路径：部落社会—村落社会—家族社会—家庭社会—个体社会。世界正变得越来越细致、周密。以前各种关系是面对面发生的，后来发展成了线对线，未来的世界是由各种"触点"（个体）构成的，个体崛起也就意味着各种"组织"的"下沉"，一切组织都必须下沉，把舞台留给"个人"。

以上这些变化都在朝着一个方向努力，那就是各尽其才、各取所需，和而不同，方为大同。